따져야 산다

부품원가
이야기

따져야 산다

부품원가
이야기

초판 1쇄 발행 2010년 6월 30일
초판 2쇄 발행 2014년 11월 30일

지은이 양광환

펴낸이 모드공짜출판사(대표 양광환)
주소 충북 청주시 서원구 봉명로 142번길 26 가동 201호
전화 043) 276-2366
이메일 kwanghwany@naver.com

ⓒ2010, 양광환
ISBN 978-89-962425-36 03320

따져야 산다

부품원가
이야기

양광환 지음

누 구 나 쉽 게 따 질 수 있 다

'앞으로 남고 뒤로 밑지다'라는 말이 있습니다. 경제활동을 하면서 누구나 이 말이 맞을 수 있다고 몇 번씩 생각할 기회를 가졌을 것입니다. 분명히 견적서상으론 적정 이익이 남게 되어 있는데 결산을 해보면 은행이자 갚기도 버거울 때를 경험하게 됩니다. 그렇다면 무엇이 문제의 본질일까요? 합의된 견적서를 아무리 들여다봐도 분명히 남게 되었으니 답답할 것입니다. 견적서상의 더하기, 빼기, 곱하기, 나누기의 계산은 틀리지 않고 맞게 되어 있을 것입니다.

모드공짜출판사

머리글

　'앞으로 남고 뒤로 밑지다'라는 말이 있습니다. 경제활동을 하면서 누구나 이 말이 맞을 수 있다고 몇 번씩 생각할 기회를 가졌을 것입니다. 분명히 견적서상으론 적정 이익이 남게 되어 있는데 결산을 해보면 은행이자 갚기도 버거울 때를 경험하게 됩니다. 그렇다면 무엇이 문제의 본질일까요? 합의된 견적서를 아무리 들여다봐도 분명히 남게 되었으니 답답할 것입니다. 견적서상의 더하기, 빼기, 곱하기, 나누기의 계산은 틀리지 않고 맞게 되어 있을 것입니다. 왜냐하면 견적서를 작성할 때 컴퓨터나 전자계산기의 도움을 받아 계산을 했으니까요. 이렇게 생각할 수 있습니다. 어떤 물건의 길이를 자로 잴 때 측정한 자의 사용방법 대로 정확하게 쟀으나 늘 물건의 길이가 틀리다고 사람들이 말을 한다면, 문제의 본질은 자가 틀렸다고 믿게 될 것입니다. 틀린 자로 물건의 길이를 잰다면 아무리 정확하게 길이를 잰다고 할지라도 물건의 길이는 틀릴 수밖에 없습니다. 이와 같이 세상 사람들이 '앞으로 남고 뒤로 밑지다'라는 말을 사용하는 것은 틀린 견적서 작성기준 때문일 것입니다. 그런데 틀린 견적서 작성기준 때문에 밑지는 장사를 하고 있음에도 불구하고 사람들은 그것을 알아채지 못하거나 설사 안다고 해도 틀린 견적서 작성기준의 어느 곳이 얼마만큼 왜 틀렸는지 따지는 것을 포기하고 늘 한숨만 짓고 살아갑니다. 이유는 따지는 기술이 부족하거나 논리적으로 상대방을 설득할 자신감이 부족하여 그럴 것입니다. 이제는 따져야 삽니다. 그것도 확실히 제대로 따져야 앞으로 남고 뒤로 밑지는 장사를 하지 않게 됩니다. 부품원가이야기는 따지는 기술입니다. 구멍가게를 하나 차려도 대충 따진다면 적자가 날 가능성이 매우 높습니다. 빵가게를 하면서 제대로 된 정확한 빵 종류별 배합단가표를 만들지 않으면, 빵을 만들면서 소요된 재료비(밀가루, 설탕, 우유, 치즈, 소다, 과일즙, 꿀, 물엿 등등)를 정확하게 따질 수 없어 주먹구구로 따지게 될 것입니다. 주먹구구로 계산하여 만든 빵을 팔 때 소요된 재료비보다 더 싸게 팔지 말라는 법이 없으므로 팔면 팔수록 적자가 날 수도 있을 것입니다. 하물며 회사를 운영하면서 대충 따진다면 마치 살얼음판을 걷듯이 언제 망할지 모르는 불확실성 속에 갇히게 될 것입니다. 그럴 바에는 모든 것을 정확하게 따져서 앞으로도 남고 뒤로도 남는 장사를 하는 것이 현명할 것입니다. 따지는 시대가 되었습니다. 어떻게 따지는 것이 가장 합리적으로 따지는 것인지는 여러 가지 기술이 있을 것입니다. 부품원가이야기는 여러 가지 따지는 기술 중에서 사람들에게 따지는 기술을 습득하는 훈련을 하기 위한 유익한 가이드가 될 것이라 믿습니다. 따지기는 하는데 제대로 정확하게 따지지 않으면 당사자 중에서 어느 일방만이 승리자가 되는 것처럼 보이지만 비즈니스에서 패배자가 망하면 승리자 역시 오래도록 그 승리를 간직할 수 없을 것입니다. 즉 함께 망하게 된다는 것입니다. 서로 협력 없이는 무한경쟁시대에서 살아남을 수 없는 시대가 되었습니다. 따지는 기술은 현대사회에서 매우 중요한 것입니다. 과거에는 따지는 것을 불경스러운 것이라고 믿는 사람들이 있었습니다. 그리고 따지는 사람을 귀찮은 존재로 여기기도 했습니다. 하지만 있는 돈 없는 돈 다 동원해서 그리고 빚까지 내어 사업을 하면서 따지지 않아 적자가 날 때 그런 사람들이 돈 한 푼 지원해 주지 않는다는 사실을 알아야 합니다. 따지는 것은 정의사회를 위해서는 반드시 필요합니다. 모두가 공생하기 위한 투명한 사회, 건전한 경쟁을 위해서는 따져야 합니다. 우리 모두는 어둡고 더러운 세상이 아닌 밝고 맑은 세상에서 행복을 간직하기 위해서 따져야 합니다. 글로벌 무한경쟁 시대에 갑이든 을이든 따지지 않으면 위험에 처해질 수 있습니다. 갑도 을이 협력하지 않으면 그 경쟁에서 살아남을 수 없습니다. 서로가 협력관계를 유지하려면 객관적이고 합리적이며 논리적인 잣대를 만들어서 운영해야 동반자적 관계를 계속할 수 있습니다. 윽박지르던 시대도 갔고, 부역할 사람들도 더 이상 존재하지 않습니다. 오직 상호 이해할 수 있는 현명한 잣대만이 어려운 현실을 극복할 수 있는 무기인 것입니다. 부품원가이야기에 나오는 수치들은 따지는 기술을 습득하기 위한 훈련용이므로 현실과 차이가 날 수 있음을 양지하시기 바랍니다. 고맙습니다.

목차

1부 부품원가이야기

2부 부품원가계산 입문

＊고철비

＊폐기물 처리비

＊금형 셋팅(setting) 수량

＊로트(lot) 수량

2) 가공비

   2.1 노무비 계산

   ＊직접작업인원

   ＊임률

   ＊작업시간

   2.2 경비 계산

   ＊직접경비

   ＊간접경비

3) 제조원가

4) 일반관리비

5) 이윤

6) 기타비용

   ＊재료관리비 = 재료비 × 재료관리비율

   ＊금형비

   ＊지그 및 체커비(Jig, Checker)

   ＊파렛트비(Pallet)

   ＊파괴검사비(Tear Down)

＊운반비

＊불량률

＊연구개발비(R&D)

＊로열티(royalty)

3부 부품원가계산 실습

4부 따져야 산다

부품원가이야기

1. 모르면 부역 한다

일은 열심히 성실히 했는데 남는 것이 없다면 사람들은 실망을 하게 되고 매사에 회의감을 느낄 것이다. 결국 아무리 열심히 일을 해도 일한 만큼의 열매를 가질 수 없는 현실을 원망하며 살아갈 것이다. 누구라도 앞으로 남는 것 같지만 뒤로 밑지는 장사를 한다면 원인 파악을 제대로 하여 쓸데없이 부역하는 것을 그만두어야 할 것이다. 부품원가계산을 모르면 부역을 당할 수 있다. 보수가 없이 일을 하면서 허송세월을 보내는 것이 부역이다. 부역으로 마무리할 수 있다면 그나마 다행스럽다고 할 수 있겠지만, 부역을 넘어 있는 돈 없는 돈 다 동원해서 밑 빠진 독에 물을 붓는 것과 같은 상황에 처해 온갖 고생을 다 하는 경우도 있을 수 있다. 한 집안에 사업하겠다고 설치는 사람이 사업을 실패할 경우 집안 전체가 쑥대밭이 될 수도 있다. 집안사람들에게 직접 사업자금을 빌리거나 보증을 서게 하여 대출을 받는 경우에 그렇게 되는 것이다. 사업을 하면서 망하는 경우에 여러 가지 원인이 있을 수 있으나 사전에 관리가 가능한 원인도 있고 도저히 어찌 할 수 없는 원인 때문에 그럴 경우도 있을 것이다. 불가피한 원인이라면 어쩔 수 없겠으나 사전에 막을 수 있는 원인 때문이라면 너무나 안타까운 일이 아닐 수 없다. 부품원가이야기는 사전에 막을 수 있는 원인을 철저하게 막아 사업이 망하는 일이 없도록 하자는 것이다. 그렇다면 부역이나 밑 빠진 독에 물 채우기 등과 같은 상황을 만들지 않으려면 어떻게 해야 할까? 이유여하를 막론하고 부품원가계산을 이해한 후에 무조건 따져야 한다. 다시 말해 철저하게 따지는 기술이 바로 부품원가계산인 것이다. 따지긴 했는데 대충 따졌다면 따진 것이 아니다. 남지 않는 물건을 계속 팔면 결국 적자가 나서 그 회사(사업)는 문을 닫아야 한다. 자신이 만들어 판매하는 물건에 대한 철저하고 정확한 부품원가계산 분석이야말로 가장 중요한 것이 아닐 수 없다. 헛농사라는 말이 있다. 농사는 뼈 빠지게 열심히 지었는데 적자가 나는 상태를 말하는 것이다. 부역당하지 않고 헛농사 짓지 않으려면 부품원가계산부터 완벽하게 이해하는 것이 급선무인 것이다.

2. 지피지기면 백전불패

　세상을 살아가면서 수 없이 많은 사람들과 협상을 하게 된다. 이때 필요한 것이 지피지기인 것이다. 적을 알고 자신을 알면 백전불패라는 말이 있듯이 사업을 하면서 상대방(거래처)의 규칙과 특성을 반드시 파악해야 한다. 상대방(거래처)의 규칙 중에서 절대적으로 깨우치고 이해해야만 하는 것이 있다면 바로 부품원가계산을 어떤 방식으로 어떻게 하고 있느냐에 대한 것이다. 상대방(거래처)의 부품원가계산 방식에 대한 규칙을 모르고 가격결정 협상을 한다면 그 결과는 매우 참담할 수도 있다. 상대방(거래처)의 교묘한 장난질에 가격결정을 하게 되면 심할 경우에 부역을 하는 것 같은 결과를 초래할 수도 있다. 납품을 하면 할수록 손해인 경우도 종종 발생할 것이다. 죽지 못해서 납품을 하지만 그 피해는 결국 회사(사업)에 심한 타격을 주게 되어 사업을 접어야 할 상황까지 갈 수 있다. 이렇게 중요한 것이 부품원가계산이다. 회사(사업)의 존망이 달려 있다고 해도 과언이 아니다. 주먹구구 방식만이 유행하던 시절에는 부품원가계산을 굳이 세밀하게 따지지 않아도 상대방(거래처)도 어둡고 자신도 어두웠기 때문에 쌍방 모두 그럭저럭 버틸 수 있었지만, 요즘은 모두 컴퓨터를 사용하고 인터넷으로 실시간 정보를 확인할 수 있는 시대이므로 부품원가계산 역시 완벽한 수준에 근접해야만 사업을 망하지 않고 할 수 있는 것이다. 1,000원이 적당한 가격인데 800원에 거래를 한다면 납품을 받는 입장에서는 200원의 불로소득이 발생하게 된다. 하지만 납품을 하는 입장에서는 200원만큼의 손실이 계속 발생하게 될 것이다. 만약 이 제품이 월간 50,000개 정도 소요되는 것이라면 200원/개 × 50,000개/월 = 10,000,000원/월 금액이 서로의 입장에서 득이 되고 실이 되게 된다. 이런 불합리한 제품이 여러 개라면 그 피해는 매우 심각하여 더 이상 사업을 지속할 수 없게 될 것이다. 이렇게 아무리 강조해도 지나치지 않은 것이 부품원가계산이다.

3. 패배주의에 빠지면

　사회생활을 하면서 모두가 경제활동을 할 것이다. 경제활동을 하지 않고는 그 누구도 세상에 존재하기가 어려울 것이다. 많은 사람들이 자신이 경제활동을 하면서 패배주의에 빠져 있는 것을 알 수 있다. 부품원가계산을 이해하면 부역당하는 것과 같은 불이익을 피해갈 수 있는 데도 불구하고 부품원가계산이라는 말만 들어도 왠지 섬뜩한 기분이 든다고 한다. 기업을 경영하는 사람 중에서도 부품원가계산을 이해하지 못한 이들이 많은 것이 현실이다. 그것은 그 기업인들이 부품원가계산에 대해서 패배주의적인 선입관을 지니고 있기 때문이다. 누군가 해 주겠지? 누군가 자신을 위해, 자신의 사업을 위해 올바르게 부품원가계산을 해 줄 것이라는 막연한 기대감과 함께 부품원가계산이라는 말이 지니고 있는 복잡할 것 같고, 어려울 것 같고, 시간이 많이 걸릴 것 같은 느낌이 그들을 더욱 패배주의적인 사고를 가지게 만들 것이다. 부품원가계산은 사칙 연산, 계산기 두드리기, 구구단 정도만 알면 가능한 것이다. 다만 부품원가계산의 목적이 제값 받기를 위해 반드시 필요한 것이라는 사실을 깨우치기만 하면 된다. 사람들이 지레 겁을 먹고 아예 발조차 들이밀지 못하는 현실이 안타까울 때가 많다. 주먹구구가 통하던 시대는 역사 속으로 사라졌다. 모든 것이 논리적이고 투명해야 존재할 수 있는 세상이 되었다. 더 이상 패배주의에 빠져서는 아무것도 이룰 수 없는 세상이 되었다는 것이다. 부품원가계산은 관심이다. 누구나 관심만 가지면 노력한 만큼 보상 받을 것이다. 돈 벌겠다고 설치면서 돈을 계산할 줄 몰라서야 말이 되겠는가?

4. 가장 가까이 해야 하는 것

인생을 살면서 자신과 가장 가까이 있어야 할 것이 있다면 대부분의 사람들은 자신의 배우자를 꼽을 것이다. 그 다음에 부모, 자식, 형제 등 가족들이라고 말할 것이다. 그런데 그런 가족들을 부양하기 위해서는 돈을 벌어야 한다. 돈을 벌기 위해 땀을 열심히 흘리기만 하면 되던 시대는 지나갔다. 땀을 흘려서 남는 장사를 해야 하는 것이다. 남지 않는 장사를 한다면 모자라는 사람이거나 자선사업가로서 대접을 받게 될 것이다. 가장 가까이 있어야 할 가족들을 부양하기 위해서는 반드시 남는 장사를 해야 한다. 부양하지 못하면 가족들은 어디론가 사라질 것이다. 그런데 남는 장사를 하기 위해 가장 가까이 해야 할 것이 바로 부품원가계산이다. 모르면 당하는 시대이다. 아무리 땀 흘려 만들어 팔아도 (제조업, 서비스업, 임업, 농업, 어업 등) 부역한 것과 같은 결과만 있다면 망한 것이나 다름이 없다. 망하지 않기 위해, 무한경쟁시대에 살아남기 위해 가장 가까이 해야 할 것이 부품원가계산인 것이다. 사회에 첫발을 내딛는 젊은이들도 험한 세상에 나가서 실패하지 않으려면 반드시 부품원가계산을 알아야 한다. 대충 알아서는 늘 당하는 위치에 있을 수 있다. 전에는 부품원가계산 전문가들의 도움을 받아 속지 않을 수도 있었지만, 모두가 서로의 업무에 충실해야만 하는 입장이다 보니 동료들이나 이웃사람들에게 관심을 가져줄 여유가 없는 시대이다. 살아남기 위해 사랑하는 사람들을 지키기 위해 가까이 해야 하는 것이 따지는 기술인 부품원가계산이다.

5. 갑과 을

자본주의 사회에서 성인에게 가장 무서운 것이 있다면 무엇일까? 호랑이, 마누라, 총, 칼 등이라고 답할 성인은 없을 것이다. 아마도 많은 사람들이 갑이라고 답을 할 것이다. 을 입장에 있는 사람들은 갑의 일거수일투족에 늘 불안해 할 수밖에 없다. 갑은 을이 가지고 있는 물건을 돈을 주고 사는 입장에 있는 사람이다. '손님이 왕이다'는 말이 있지만 왕보다 더 무섭고, 어려운 대상이 갑인 것이다. 물론 독과점인 경우는 예외겠지만 시장경제 시스템에서 독과점은 거의 존재할 수 없을 것이다. 왕조시대에 왕은 한 명이었으므로 왕을 상대할 여건이 일반인들에게 마련되지 않았었다. 평생 한 번 볼까 말까 아니면 한 번도 만나보지 못하고 생을 마감하는 사람들이 대부분이었다. 현대사회에서 사람들은 갑을 눈만 뜨면 상대해야 한다. 을 입장에 있는 사람도 갑 입장이 되어 보려고 주머니에 돈을 두툼하게 넣고 주점에 가기도 한다. 갑의 입장에서 갑의 횡포를 경험해 보고 싶어서 그러는 것이다. 을 입장인 주점 주인은 갑 입장인 고객의 아니꼬운 비위도 맞추어 주면서 거래를 유지하려 할 것이다. 이와 같이 거래관계에서 갑이라는 파워는 그야말로 무소불위의 힘을 가지고 있는 것이다. 그런 갑을 상대하고 이해시키려면 완벽한 논리의 바탕 위에 부품원가계산 이론으로 무장하지 않으면 갑의 횡포(?)로부터 아무것도 얻을 수 없게 된다. 논리적인 기반의 부품원가계산을 습득하지 못한 을 입장에 있는 사람들이 종종 사용하는 수가 있다면 불법적인 향응접대나 뇌물 같은 것이다. 그렇게라도 하지 않으면 왠지 손해 볼 것 같고 망할 것 같은 불안심리가 그런 행동을 하게 만들기 때문이다. 하지만 사회가 투명해지면서 이와 같은 것들도 사라져 가는 추세이다. 이런 사회적인 분위기에 맞춰 갑과 을 쌍방 모두 보다 합리적이고 투명한 의사결정을 필요로 하게 되었다. 그 결과 부품원가계산 표준(cost table) 설정을 통해 쌍방은 자신들의 이해관계에 대하여 객관적이고 논리적으로 합의를 쉽게 도출할 수 있게 되었다. 누가 봐도 수긍할 수 있는 부품원가계산 표준(cost table)만 있다면 갑과 을은 보다 발전된 관계, 서로가 협력하는 대등한 관계를 유지할 수 있다.

6. 코스트 엔지니어링(cost engineering)

어떤 제품을 설계한다는 것은 시장성, 독창성, 상품성 등을 갖추게 하는 과정이다. 다시 말해 고객이 그 제품을 구입할 때 충분히 만족하는 기분으로 대가를 지불하도록 유인하는 과정이라 할 수 있다. 단순히 제품 가격이 싸다는 이유만으로 고객을 유인하는 시대는 지나갔다. 싼 게 비지떡이라는 말이 아직도 유효하다고 믿는 고객들이다. 하지만 동일한 기능조건이라면 가능하면 싼 쪽이 시장에서 승리할 가능성이 높다는 것을 부인할 사람은 없을 것이다. 이런 고객들의 욕구를 충족해 주려면 설계단계에서 제조비용을 줄일 수 있는 방법을 고려해야 하는 것이다. 이렇게 설계단계에서부터 제조비용을 줄일 수 있는 각종 제조공법을 고려한 설계활동을 코스트 엔지니어링(cost engineering)이라 한다. 예를 들면 어떤 제품의 몸통을 설계할 때 한 조각으로 만들 것인지 아니면 여러 조각으로 분리하여 만들 것인지, 재질을 플라스틱 종류로 정할 것인지 아니면 철판 종류로 정할 것인지, 철판 종류로 정한다면 스테인리스 철판으로 적용할 것인지, 일반 철판으로 적용하여 도장이나 도금을 적용할 것인지 등등 모든 것을 고려하여 제조비용을 따져야 한다. 따라서 코스트 엔지니어링(cost engineering)을 하기 위해서 설계자는 수많은 공법에 대한 이해와 함께 반드시 부품원가계산을 이해하여 부품원가계산 분석 능력을 갖추어야만 한다. 설계자뿐만 아니라 모든 임직원들이 부품원가계산을 이해하여 설계, 제조, 품질, 납기, 가격, 판매 등에서 최적의 비용만 발생시키도록 노력한다면 조직의 발전이 가능할 것이다.

7. 부품원가계산이란?

　인간이 생산하는 모든 제품은(농수산물 포함) 고유한 원가(소요된 비용)를 족보처럼 가지고 있다. 이와 같이 각각의 제품이 족보처럼 지니고 있는 고유한 원가를 계산 또는 분석하여 시장에서 판매할 때 합리성과 투명성을 획득하기 위한 일련의 행위가 부품원가계산이다. 쉽게 말하면 제값받기 위해 따져 보는 행위라고 할 수 있다. 어떤 제조업자가 1년에 단 하나의 제품을 만든다면 해당 제품의 원가는 그 업체에서 1년간 구입한 재료비, 임직원들의 연봉 합계, 임직원들의 연간 각종 보험료(의료보험, 산업재해, 국민연금 등) 지원금 합계, 감가상각비, 전력비, 수도광열비, 통신비, 차량유지비, 사무용품비, 복리후생비, 수선비, 식대 등등 회사가 1년간 지출한 비용의 총 합계가 해당 제품의 원가가 될 것이다. 이 원가를 바탕으로 하여 적당한 이윤을 붙여(금융비용인 이자 등도 고려) 판매가를 산정하면 될 것이다. 그렇게 해야 회사가 적자가 나지 않고 계속 존재할 수 있다. 똑 같은 제품 2개를 1년에 만든다면 제품 1개의 원가는 1년간의 회사 총비용의 절반이 될 것이다. 그런데 문제는 똑 같은 종류의 제품을 만드는 회사는 거의 없는 것이 현실이다. 여러 종류의 제품을 각각의 필요에 의한 숫자만큼 만들어야만 하는 것이 모든 회사들이 처해 있는 상황이다. 이와 같이 여러 종류의 제품을 생산할 때 각각의 제품에 대한 원가를 합리적, 논리적으로 비용을 배분하고 계산하는 것을 부품원가계산이라고 한다. 즉 어느 회사에서 만드는(생산하는) 모든 제품들을 부품으로 칭하여 각각 개별적으로 원가계산을 하는 것이다.

8. 풍선효과

아무리 무식하다고 해도 돈을 벌려고 사업을 하면서 남기지 않고 사업을 할 사람은 없을 것이다. 자선사업을 하는 경우도 있을 수 있으나 그것은 어디까지나 자선사업일 뿐이다. 갑과 을 관계의 사업에서 갑 입장에서는 늘 원가절감을 외치면서 외주처리 된 부품에 대한 가격을 인하하려고 한다. 외주처리 부품에 대한 가격 인하는 손 안 대고 코푸는 것과 같은 느낌이 들어 갑이라면 누구나 칼을 휘두르고 싶은 유혹에 빠지게 된다. 하지만 외주처리 부품에 대한 가격인하 정책을 연례행사처럼 하게 되면 풍선효과라는 것이 발동하게 된다. 풍선에 공기를 가득 채우고 풍선의 한 쪽 부분을 누르면 다른 쪽이 누른 부위가 들어간 만큼 부풀어 오르는 것이 풍선효과라는 것이다. 갑자기 너무 세게 누르면 풍선이 터지기도 한다. 을 입장에서는 모든 부품에 대하여 초기 가격결정 협상을 할 때 향후 갑의 가격인하 예상분만큼의 금액을 미리 부품가격에 반영하려고 할 것이다. 향후 가격인하분이라고 내놓고 반영할 수는 없지만 여러 가지 부품원가계산 요소들을 사실보다 더 높게 왜곡할 수 있다는 것이다. 그렇게라도 하지 않으면 사업이 적자가 날 수밖에 없다는 사실을 부품원가계산을 이해한 사람이라면 잘 알고 있기 때문이다. 부품원가계산 요소 중에서 상대방을 속여서라도 더 높게 부품원가계산에 반영하는 기술(살아남기 위한 속임수)이 필요한 것이다. 일례로 철판 프레스 부품의 재료비를 계산하면서 고철 발생 금액을 공제할 때 부품의 순중량을 높게 만들어(0.7mm두께 부품이라면 0.9mm로 순중량을 저울에 달게 함) 300원 정도의 고철 발생 금액을 200원으로 공제하도록 재료비를 계산하면 100원 정도의 재료비 인상 효과가 있게 된다. 이와 같은 방법으로 을은 갑을 속여서라도 향후 갑의 가격인하 압력에 대응할 수도 있는 것이다. 풍선효과가 즉시 나타나는 곳이 부품원가계산이다. 따라서 갑은 원가절감 정책을 시행하면서 부품가격 3% 일괄 인하 같은 방식을 가능하다면 즐겨 사용하지 말아야 한다. 실질적인 부품가격 인하를 위한 코스트 엔지니어링(cost engineering) 활동이나 공정 개선에 입각한 가격인하 노력이 갑과 을 모두에게 필요한 것이다. 갑과 을 공동 노력으로 가격인하 효과를 보았다면 가격인하분에 대한 처리 역시 100% 부품가격에 반영하기 보다는 50~70% 정도만 반영하여 을의 가격인하 활동에 대한 보상을 해 주는 것이 좋다. 일종의 당근 정책이다. 부품원가계산에 대한 완벽한 이해를 가진 을 입장의 업체라면 풍선효과라도 만들어 생존노력을 할 수 있겠지만, 그렇지 못한 업체들은 그냥 당할 수도 있으므로 심지어 부역하는 수준까지 부품가격을 인정받지 못하는 경우도 있을 수 있다. 모르다 보니 '살려 주세요' 라고 갑에게 사정하지만 갑의 담당자들은 근로자이기 때문에 자신의 업무실적이 우선하므로 을 업체의 생존 문제는 그 다음 순위로 두는 경우가 대부분이다. 부품원가계산을 모르면서 사업을 한다는 것은 자신의 손에 든 패를 상대방에게 훤히 보여 주면서 고스톱을 치는 것과 같다.

9. 부정부패와 투명성

인류 역사 이래로 영원한 숙제가 있다면 부정부패의 완전한 척결일 것이다. 많은 사람들이 수많은 수단과 방법을 동원하여 부정부패를 척결하려고 노력을 했지만 부정부패의 척결은커녕 오히려 더 교묘하게 지능적으로 부정부패의 넝쿨은 사회 깊숙이 퍼지고 있는 것 같다. 그 이유는 앞에서 부정부패 척결을 외치면서 뒤에서 부정부패의 장본인이 되어 이권을 노리는 사람들이 존재하기 때문이기도 하지만, 부정부패 척결을 위한 실질적이고 적절한 대책 수립이 이루어지지 않은 것이 원인일 수도 있다. 부품원가계산이 완벽한 것은 아니지만 부정부패 척결에 어느 정도는 실질적인 역할을 할 수 있을 것이다. 부품원가계산을 모르는 사람이 사업을 할 때면 무조건 갑에게 선처를 바라는 심정(제대로 따지는 기술이 없기 때문)으로 부당한 갑의 무언의 압력에 거절을 하기는커녕 한 술 더 떠서 먹는 것 같은 행동으로 갑의 환심을 사기도 한다. 그렇게라도 하지 않으면 사업이 망할 수도 있다는 것을 알고 있기 때문이다. 하지만 부품원가계산을 완전히 이해하면 갑과 을이 대등한 관계에서 합리적이고 논리적인 협상을 통해 부품가격이 결정되므로 을이라는 이유로 더 이상 비굴한 행동을 하지 않아도 될 것이다. 혹자는 아무리 부품원가계산이 완벽하다고 해도 갑과 을이 짜고 치는 고스톱을 칠 수도 있고, 허점이 보일 수 있을 것이라고 생각할 수도 있다. 부정부패 척결을 우선적으로 다루려면 갑과 을이 부품원가계산을 이해하고 가격협상을 한 근거인 부품원가계산서에 대하여 가칭 '부품원가관리사'라는 국가공인 자격을 갖춘 사람에게 확인하는 시스템을 운영하면 상당한 효과가 있을 것이다. 모든 거래의 부품원가계산서에 국가공인 '부품원가관리사'의 확인 사인이나 도장을 받게 한다면 부품원가계산을 왜곡하여 부정부패를 저지르는 근본 원인을 어느 정도 제거할 수 있을 것이다. 물론 사업자들은 영업상 비밀 누설이 될 수 있는 문제점이 있다고 하겠지만, '부품원가관리사'를 국가에서 관리하므로 그런 문제는 쉽게 답을 찾을 수 있을 것이다. 부품원가계산을 왜곡하여 비자금을 만들고 빼돌려서 치부하려는 것을 사전에 막을 수 있고, 검은 돈을 만들어서 자신의 이권을 도와주는 비호세력에게 갖다 바치기도 하는 것과 같은 부패를 어느 정도 막을 수 있는 것이 '부품원가관리사' 제도일 것이다. 아무튼 부품원가계산만이라도 투명하게 관리하게 된다면 사회의 불합리한 부정부패에 대한 근원적 대책에 상당한 도움이 될 것이다. 투명하고 부정부패가 없는 정의사회를 구현하기 위해서는 비리나 부정부패가 발생할 수 있는 모든 요소를 투명하게 관리하도록 노력해야 한다. 인간의 주관적 판단보다는 보다 객관적이고 합리적이며 논리적인 잣대나 기준을 시스템으로 만들어 운용한다면 사회는 더욱 맑아질 것이다.

10. 부품원가계산 표준(cost table)

동일한 물건을 동일한 조건으로 구매할 때 구매담당자마다 구입단가가 다르다면 문제가 있는 것이다. 물론 어느 정도 허용할 수 있는 수치 차이라면 이해할 수도 있다. 물건을 사는 입장에서는 싼 것이 정답이라고 할 것이고 파는 입장에서는 비싸게 파는 것이 정답이라고 할 것이다. 제 3자가 볼 때는 어느 쪽이 정답인 것인지 알 수 없을 것이다. 공개경쟁입찰 방식을 취하면 그나마 객관적인 구매단가라고 생각할 수 있지만, 입찰 참여 업체끼리 몰아주기, 들러리서기 등과 같은 짓거리로 입찰가격에 혼란을 줄 수도 있으므로 가격담합, 가격 왜곡 등과 같은 것이 발생하여 무늬만 공개경쟁입찰이고 내용은 독과점 가격을 인정하는 꼴이 될 수도 있다. 이런 일련의 구매 과정에 불합리한 비리가 싹틀 수 있게 된다. 모든 비즈니스에 어두운 면이 있다는 말이 있다. 그 어두운 곳에 밝은 빛을 비쳐주는 것이 부품원가계산 표준(cost table)이다. 부품원가계산 표준(cost table)이란 부품을 제조할 때 소요된 부품원가계산 요소들을 표준화하여 부품원가계산에 적용하는 것이다. 업체마다 장비가 다르고 공법이 다르고 작업자들 숙련도가 다르기 때문에 같은 물건을 만드는데 소요된 비용도 차이가 날 것이다. 동일한 부품을 외주처리 하려고 하는데 A 업체는 1,000원에 만들 수 있고, B 업체는 1,100원에 만든다고 하고, C 업체는 1,200원에, D 업체는 1,300원에 납품할 수 있다는 부품원가계산 결과가 있고, 납품에 필요한 품질과 납기 등에 문제가 없다면 A 업체에서 부품을 납품 받는 것이 정답이다. 하지만 기타 여러 요인으로 인한 납기 안전성을 확보하기 위해 3개의 업체에서 납품을 받게 될 경우에 부득이하게 B 업체의 부품원가계산 결과를 인정해야 할 것이다. 이와 같이 부품원가계산 표준(cost table)을 설정함에 있어서, 모집단의 부품원가 경쟁력에 차이가 있을 경우에 B 업체 수준의 원가경쟁력으로 설정하는 것이 좋을 것이다. A 업체는 노력한 만큼의 대가를 가지는 것이고, B 업체는 납품을 하면서 원가절감 노력을 하면 이득을 볼 수 있다는 희망이 있고, C 업체는 좀 더 부품원가 경쟁력을 갖추기 위한 노력을 할 것이다. 부품원가 경쟁력이 없는 D 업체는 도태되든지 아니면 혁신적인 공법을 찾아 생존할 것인지 경영자가 심각하게 판단할 것이다. 업체마다 각각인 부품원가 수준을 표준화하여 생존경쟁에서 살아남기 위해 각 업체들 간의 경쟁을 유발하게 하는 것이 좋을 것이다. 부품원가계산 표준(cost table)을 설정할 때는 이해관계에 있는 사람들이 서로 받아들일 수 있는 수준으로 하여 상호 신뢰를 쌓아야지만 공동의 목표를 향하여 노력할 것이다. 어느 일방의 주장이 강하면 그 부품원가계산 표준(cost table)은 죽은 것이나 다름이 없다. 아울러 부품원가계산 표준(cost table)을 설정하여 운영할 때는 정기적 또는 필요한 때에 언제나 표준에 대한 수정 보완을 신속히 하여 살아있는 표준이 되도록 해야 한다. 부품원가계산을 할 때 원가요소는 상당히 많다. 재료비, 노무비, 경비, 일반관리비, 이윤, 금융비용, 로열티(royalty), 연구개발비(R&D), 운반비, 불량률, 파괴검사비(tear down), 금형비, 지그비(jig), 고철비, 폐기물처리비 등등 적지 않은 항목의 원가요소들에 대하여 개별적으로 계산이 가능한 것과 공통비용으로 계산하는 항목으로 분류하여 표준을 설정 운영하면 좋다. 상세한 것은 부품원가계산 입문에서 좀 더 다루어 보기로 하자. 국가 조달청을 비롯하여 각 단체나 조직마다 구매활동이 이루어지고 있다. 아무리 구매담당자가 유능하더라도 수많은 품목을 신속 정확하게 구매한다는 것은 무리가 있다. 이런 현실을 고려할 때 부품원가계산 표준(cost table) 설정 운영은 매우 중요한 업무 효율화 방안이고 부정부패와 비리를 줄일 수 있는 지름길이 될 것이다.

11. 자작이냐 외주처리냐

사업을 하면서 어떤 부품을 자작할 것인지 외주처리 할 것인지 판단할 때 부품원가계산을 활용하여 자작할 경우보다 외주처리 하는 것이 유리하다면 과감하게 외주처리 해야 한다. 물론 부품원가계산 결과로는 외주처리 하는 것이 유리하지만 품질관리, 납기관리 측면 등을 감안했을 때 적당한 외주처리 업체를 찾기가 곤란하다면 자작할 수밖에 없는 경우도 있다. 이렇게 부품원가계산을 하다보면 자신의 회사와 궁합이 맞지 않은 부품들이 있을 수 있다. 예를 들어 철판 프레스 업종에서 대형 프레스 라인(300톤 이상 프레스 라인)이 주력인데 소형 프레스 철판 부품을 자작한다면 거래처에서 인정해 주는 원가요소들 중에서 임률, 간접경비율 등을 소형 프레스 업체 기준으로 인정받게 되어 상대적으로 임률, 간접경비율이 소형 업체에 비해 높은 대형 업체는 자작할 경우 남지 않게 될 것이다. 이럴 경우에 소형 업체로 외주처리 해야 한다. 초기 협상에서 협상력에 따라서는 대형 업체의 원가요소를 인정받고 양산시에 소형 업체로 외주처리를 하여 이윤을 극대화할 수도 있다. 대규모 업체와 소규모 업체의 원가요소들 중에서 차이가 나는 요소로는 임률, 간접경비율, 일반관리비율 등이 있을 수 있다. 회사능력은 100을 가지고 있으면서 30 정도인 부품을 생산한다면 70 정도는 쓸데없이 비용만 발생하게 되므로 가능하면 자신의 회사능력에 맞는 부품을 만들어 팔아야 진정한 부가가치를 창출해 내는 것이다. 부품에 대한 욕심으로 자신의 회사능력에 맞지 않는 것을 계속 가지고 간다면 (부품원가계산을 잘 모르는 경영인) 남는 일은 회사 운영자금 부족에 의한 부도일 것이다. 이와 같이 부품원가계산은 매우 중요하고 반드시 알아야만 하는 긴요한 것이다. 이것을 전적으로 타인에게 의지한다면 타인의 실수나 부품원가계산 실력부족 등으로 인하여 자금사정 악화로 이어져 사업의 존립 자체가 위태로워질 수 있다. 따라서 경영자가 되려는 사람은(사업 하려는 자) 반드시 부품원가계산을 완전히 이해하여 신속 정확한 정책결정을 해야 한다.

12. 부품원가계산의 주의사항

1) 부품 제조공정에서 소요된 모든 원가요소를 중복이나 누락 없이 정확하고 합리적으로 반영한다.

2) 원가요소들 중에서 현장 및 실물 확인을 요하는 것은 반드시 직접 확인한다.

3) 부품원가계산 할 때는 반드시 검산을 하여 계산기 및 컴퓨터 입력오류 등을 확인한다.

4) 부품원가계산을 담당하는 자는 부품원가계산의 시스템적 구성요소를 완전히 이해한 이후에 실무에 임해야 한다.

5) 갑과 을 쌍방 모두 수긍할 수 있는 부품원가계산을 해야 한다. 일방의 무리한 주장은 오래도록 문제가 될 수 있다. 부품원가계산서는 필요에 따라서는 수십 년 간 보관해야 하는 자료이며, 수출품인 경우에는 반덤핑 제소와 같은 것에 대한 대비책으로 활용되기도 한다.

6) 부품원가계산 표준(cost table)을 적용하기가 어려운 경우가 있다면(새로운 공법 등) 별도로 실제 원가계산을 하여 적용할 수도 있으나, 가능하면 부품원가계산 표준(cost table)을 적용하는 것이 좋다. 그래야 부품원가계산 표준(cost table)의 권위를 유지할 수 있으며, 부품원가계산 표준(cost table)에 무리가 있다면 언제라도 수정 보완하여 살아있는 부품원가계산 표준(cost table)이 되도록 한다.

7) 부품원가계산 할 때 담당자의 주관적 판단 요소를 가능하면 배제하고 객관적이고 표준화된 자료를 활용하는 것이 좋다. 부품원가계산 표준(cost table)을 설정하여 운영할 때 부품원가계산을 전산화하여 운영할 수 있다. 이 때 부품원가계산 담당자의 입력 항목을 중심으로 체크하면 업무효율을 높일 수 있다.

8) 부품원가계산은 가능하면 전산화하여 사람이 할 수 있는 오류를 최대한 줄이는 것이 좋다.

9) 부품원가계산 할 때 반드시 유사품목과의 부품원가계산서를 비교하여 개선점(부품원가 절감 요인)을 찾는 노력을 한다. 마치 회계장부를 검토할 때 연도별 계정항목을 비교하여 잘못된 회계처리를 발견하는 방법과 같다.

10) 갑과 을은 부품가격에 불만이 있을 경우에 부품원가계산 원가요소 중 불합리한 점만을 대상으로 불만해소에 노력해야 한다. 막연하게 부품 가격이 높다든지, 낮다든지 등과 같이 주장하면 쌍방이 합의점을 찾기도 쉽지 않을뿐더러, 근거 자료 없는 불만으로 여길 수 있다. 따라서 쌍방 모두는 부품원가계산 표준(cost table)에 대하여 충분한 이해를 해야 한다.

2부

부품원가계산 입문

부품원가계산은 사업을 하면서 재료구입에서부터 소비자에게 판매될 때까지의 일련의 원가요소별 원가계산을 하는 여러 방법 중의 하나인 것이다. 이 때 원가계산 항목이 너무 많으므로 개별적으로 계산하기 편리한 것은 개별적으로 계산하고 공통적으로 들어가는 필요적 비용에 대한 것은 표준을 설정하여 운영하는 것이다. 표준을 설정할 때는 부품원가계산 구조에 맞게 제조원가명세서, 고정자산리스트, 손익계산서 등을 치환 분석하여 적용한다. 예를 들면 정률법(세법 등에서 정한 감가상각년수에 맞춰 매년 일정비율로 감각상각처리하는 방법으로 감가상각처리 금액이 갈수록 적어짐)으로 감가상각비를 회계처리 하는 업체에 대하여 정액법(세법 등에서 정한 감가상각년수에 따라 매년 동일한 금액으로 감각상각처리하는 방법)의 감가상각비로 치환하여 분석한다는 것이다. 그리고 직접장비와 간접장비의 경우 전력비를 계산할 때 고정자산리스트에서 직접장비와 간접장비를 구분하고 각각의 전력용량으로 기준하여 장부상 전력비 총액을 직접경비와 간접경비로 배분하면 합리적이라 하겠다. 언젠가 부품원가계산 전문가라는 사람에게 간접장비의 전력비(공통으로 사용하는 에어 콤퓨렛샤, 쿨링 타워 등)에 대해서 어떤 방식으로 부품원가계산에 반영되었는지 물어본 적이 있었다. 대답은 그냥 '글쎄요?' 라는 말이었다. 실제 비용은 많이 들어가지만 귀찮아서, 복잡하다고 지레 추단하고 따지는 것을 대충한다면 결과는 하나마나 장사가 될 것이다. 부품원가계산용 결산서 분석은 배분이 전부라고 해도 과언이 아니다. 배분을 인원으로 할 것인지 전력용량으로 할 것인지는 보다 현실에 맞게 합리적으로 정하면 무리가 없을 것이다. 부품원가계산 표준(cost table)을 설정하려고 해당 업종의 모집단을 정할 때 매출액 규모별이나 종업원 수와 같은 것을 감안해야 한다. 세부항목별 부품원가계산에서 좀 더 살펴보기로 하자.

1. 부품원가계산의 구성

1) 재료비

2) 가공비 = 노무비 +경비

3) 제조원가 = 재료비 + 가공비

4) 일반관리비

5) 이윤

6) 기타비용
   · 재료관리비 = 재료비 × 재료관리비율

- 금형비

- 지그및 체커비(Jig, Checker)

- 파렛트비(Pallet)

- 파괴검사비(Tear Down)

- 운반비

- 불량률

- 연구개발비(R&D)

- 로열티(royalty)

7) 부품원가계산 합계 = 1) + 2) + 3) + 4) + 5) + 6)

2. 부품원가계산 세부 항목별 계산 방법

1) 재료비 : 부품을 만들기 위해 필요한 재료를 구입할 때 거래처에 지급하는 비용으로 외주처리비도 재료비로 간주한다.

・재료비 = (투입재료비 - 고철비 + 폐기물 처리비) × (1 + 금형 셋팅비)

・투입재료비 : 재료투입량 × 재료단가

재료투입량은 부품을 생산할 때 비용이 최소화 되는 규격으로 설정해야 하며 재료단가는 규격별 표준단가를 설정하여 운영해야 한다. 재료난가는 언제나 시장 상황에 따라 변화가 있을 수 있으므로 이동평균치 같은 방식으로 표준 재료단가를 설정하여 적용한다. 또한 재료단가는 구입량에 따라 차이가 날 수도 있다.

·고철비 = 고철 발생량 × 고철 단가 × 고철 회수율

＊고철 발생량 : 부품을 생산할 때 투입재료량에서 필연적으로 발생되는 부품을 생산하고 남은 고철로서 고철 발생이 최소화 될 수 있도록 투입재료 규격, 제조공법 등을 세심하게 따져야 한다. 고철 발생량은 플라스틱 업종인 경우에 스크랩 발생량이 될 것이고 그 스크랩을 재활용한다면 재활용에 따른 비용 등을 계산하여 재료비에 반영한다. 물론 스크랩을 재활용 하는 업종인 경우엔 재료비에서 그 금액을 반영해야 한다. 스크랩 재활용 관련 요소들은 표준 설정한다. 이해를 돕고자 고철인 경우를 다루었다. 여러 업종의 재료비 계산에서의 원칙은 투입 재료비를 최소화하여 스크랩 발생량을 줄이는 것이다.

＊고철 단가 : 고철을 처리할 때 시장에 형성된 단가를 기준으로 표준 설정하여 적용한다.

＊고철 회수율 : 제조공정에서 발생하는 고철을 100% 회수하기 에 어려움이 있는 현실을 감안하여 통상 90% 정도로 표준 설 정하여 운영하기도 한다.

·폐기물 처리비 = 폐기물 발생량 × 폐기물 처리단가

＊고철비와 같은 개념으로 계산한다. 다만 고철비는 돈을 받고 파는 경우이고 폐기물 처리비는 돈을 주고 파는 경우라고 생각하면 이해가 쉽다. 폐기물은 100% 회수를 기본으로 적용한다. 폐기물 특성상 완전하게 처리해야 작업환경을 유지할 수 있기 때문이다.

· 금형 셋팅비 = 금형 셋팅(setting) 수량 ÷ 로트(lot) 수량

＊금형 셋팅 수량 : 부품을 1 로트(lot) 생산하기 위해 금형교환 등으로 작업조건을 다시 설정하여 시운전을 할 경우에 작업조건을 맞추기 위하여 필연적으로 소요되는 재료 소요량을 말하며 통상 1~3 개 정도의 수준이나 작업조건 재설정 난이도에 따라 다소 차이가 날 수 있다. 표준 설정 적용하면 편리하다.

＊로트(lot) 수량 : 동일 작업조건에서(1회 금형교환 등으로 작업조건 재설정 후 생산하는 경우) 작업하는 수량으로 업종별 부품 소요량이나 재고관리 방식에 따라 달라진다. 로트(lot) 수량은 부품의 방청능력, 재고부담능력 등도 고려하여 생산관리 차원에서 판단하여 현실성 있게 부품원가계산 표준(cost table) 설정 운영한다. 제품 소요량에 따른 부품원가계산 차이를 결정하는 중요한 요소이므로 합리적으로 표준 설정해야 한다.

2) 가공비 = 노무비 + 경비

2.1 노무비 계산

·노무비 = 직접작업인원수 × 임률 × 작업시간

·직접작업인원수 : 공정별로 직접 작업을 하는 인원 수

·임률 = 직접임률 + 간접임률

＊직접임률 : 직접 작업인원의 임률로서 평균 시급이 5,000원/시간 이라면 여기에 복리후생비, 연월차수당, 퇴직급여충당금, 산재보험료, 국민연금보험료, 의료보험료 등등 작업자에 대한 필요적 비용을 반영한 것을 직접임률이라 한다. 필요적 비용이 임금대장 분석 결과 통상 시급의 50%(직접임률 할증률) 정도라면 그 정도로 표준을 설정하고 직접임률은 5,000원/시간 × 1.5인 7,500원/시간이 된다.

＊간접임률 : 직접인원을 제외한 제조 간접부문의 간접인원에 대한 임률로서 생산기술, 보전, 품질관리, 생산관리, 공구, 시설, 설계(R&D 센터가 별도로 있는 경우라면 R&D 비를 별도로 계산할 수도 있으므로 간접임률 분석 시 제외) 등등 간접부서의 임률을 말한다. 통상 직접임률에 대한 비율로 반영하는데(간접임률 할증률 : 직접인원의 노무비 총액에 대한 간접인원의 노무비 총액 비

율) 임금대장 분석 결과 평균치가 50% 정도 수준이라면 그 정도로 표준 설정하면 된다. 물론 직접임률과 같이 제조 간접인원에 대한 간접임률을 분석할 때에도 복리후생비, 연월차수당, 퇴직급여충당금, 산재보험료, 국민연금보험료, 의료보험료 등등 필요적 비용을 반영하여 분석한다.

따라서 제조업에서 시급 5,000원/시간 작업자의 부품원가계산 적용 임률은 5,000원/시간 × 1.5 × 1.5 = 11,250원/시간이 된다. 임률을 구성하는 요소는 매년 변할 수 있으므로 부품원가계산 표준 (cost table) 설정 후에 해마다 수정보완 해야 한다 된다. 임률을 구성하는 요소에서 줄일 수 있는 것을 최대한 절감하기 위해 단순 작업 공정일 경우에 비정규직이나 아르바이트직 등과 같은 제도를 이용하여 비용을 절감하려 한다. 을 입장에서는 갑과 부품가격결정 협상 시에 모든 공정에서 정규직 임률로서 인정을 받은 후에 비정규직이나 아르바이트 인원으로 교체하여 원가절감을 할 수도 있다. 그리고 1교대 업체와 2교대 업체의 임금대장을 분석하여 2교대 업체의 임률은 1교대 업체 임률 대비 몇 배로 운영하면 편리하다. 통상 임금대장 분석 결과 2교대 업체의 임률은 1교대 업체의 임률 보다 10% 정도 높게 나타나기도 한다.

· 작업시간 = 순작업시간 + 예외시간 + 금형교환시간

＊순작업시간 : 직접작업자가 어느 공정에서 한 개의 부품을 가공하는데 걸리는 시간을 말한다.(loading +가공 +unloading) 순작업시간을 설정할 때는 초시계 등을 사용하거나 동작분석 방법과 생산실적, 장비 사양서 등을 활용하여 작업자의 작업여유, 피로여유, 숙련도까지 감안한 시간을 기준으로 해야 한다. 초보 부품원가계산 담당자들이 순작업시간을 측정할 때 작업자의 인위적 작업시간 지연을 감지하지 못하거나 거꾸로 작업자의 피로도, 숙련도 등을 감안하지 않고 측정하여 적용하는 실수를 하는 경우가 많다. 그 실수가 바로 돈으로 환산되는 것이 부품원가계산이라는 것을 명심하고 합리적이고 논리적인 잣대로 판단을 해야 한다.

＊예외시간 : 직접작업자의 오전 오후 휴식시간, 출퇴근버스 지각시간, 정전시간, 단수시간, 화재, 안전사고시간, 장비고장시간, 기상악화로 가동중단 등등 회사를 운영할 때 필연적으로 발생하는 시간으로서 제조업인 경우에 작업일보 등을 분석해 평균치를 구하여 표준 설정한다. 순작업시간 대비 예외시간 평균치를 분석한 결과 10% 수준이라면 그 정도로 표준을 설정하면 문제가 없을 것이다.

＊금형교환시간 : 직접작업자가 작업을 하기 위해 금형교환을

하는 경우와 같이 제조 현장에서 필연적으로 발생하는 시간이다. 예를 들어 금형교환 하는데 걸리는 시간이 20분, 로트(lot) 수량이 1,000개라고 하면 금형교환시간은 20분 × 60초/분÷1,000개 = 1.2초/개와 같은 방식으로 계산하면 된다. 금형교환시간을 단축하기 위하여 업체에서는 금형표준화를 하고 QDC(Quick Die Change) 시스템 등을 도입하기도 한다.

따라서 어떤 공정의 순작업 시간이 10초, 예외시간이 10%, 금형교환시간이 20분, 로트(lot) 수량이 1,000개일 경우 작업시간은

·작업시간 = 10초 × (1 + 0.1) + 20분 × 60초/분 ÷ 1,000개
= 12.2초/개 가 된다.

그리고 공정별 작업시간을 나타낼 때는 초 단위로 표현하는 것이 좋다. 왜냐하면 1시간이나 1분에 대한 것을 인간이 가늠하기 보다는 초 단위 크기를 가늠하는 것이 훨씬 현실적이며 오차를 줄일 수 있기 때문이다. 누구나 자신의 100m 달리기 기록 정도는 알고 있기 때문이다. 100m 달리기 할 때 15초 정도였다면, 15초에 대한 시간의 크기가 그렇게 짧은 것이 아니라는 것을 피부로 느낄 수 있다. 부품원가계산은 초 단위 환산된 시간으로 계산하는 것이 원칙이다.

작업자가 1명이 위와 같은 조건으로 작업을 할 때 해당 공정의
노무비는

· 노무비 = 1명 × 11,250원/시간 ÷ 3,600초/시간 × 12.2초

= 38.13원이 된다.

2.2 경비 계산

· 경비 = 직접경비 + 간접경비
· 직접경비 = 건물감가상각비 + 직접장비 감가상각비

+ 직접장비 전력비 + 수선비

＊건물감가상각비 = 직접장비 설치면적(m^2) × 부대면적비율 × 건
물단가(원/m^2) ÷ 건물감가상각년수 ÷ 연간 작업일수 ÷ 하루
작업시간 × 공정별 작업시간

직접장비 설치면적은 직접장비에 대한 설치면적으로 투영면적을
기준으로 한다. 가로 × 세로가 각각 3m, 4m라고 하면 설치면적은
3m × 4m =12m^2이 된다. 부대면적비율은 직접장비 설치면적을 제
외한 작업통로, 창고, 수위실, 간접장비 설치면적, 화장실, 식당, 사
무실, 등 부대시설건물에 대한 면적을 직접장비 설치면적에 대한

비율로 환산한 값이다. 건물 설계도와 장비 배치도 등을 이용하여 평균값을 분석한 결과가 50% 수준이라면 표준을 50% 정도로 설정하면 된다. 건물단가는 공장을 건축한 단위면적당 단가로서 토지를 제외한 값이다.(토지는 감가상각 할 성격의 고정자산이 아니다) 통상적으로 부품업체 평균치를 조사 분석하여 평균 300,000원/㎡ 수준이라면 그 정도로 표준을 설정하여 운영한다.(신축 건물과 오래된 건물 등에 따라 혹은 공장건물의 짓는 공법에 건축단가가 다르지만 현실을 반영하여 평균치로 적용한다) 건물감가상각비는 세법과 현실적 내구수명을 고려하여 통상 40년 정도를 기준으로 하여 감가상각 처리하면 큰 무리가 없을 것이다. 연간 작업일수는 1년 중 토요일 일요일 휴무와 하계휴가, 국경일, 노조설립일, 회사 창립일, 신정 구정 휴가 등을 감안하여 표준 작업일수를 설정한다. 제조업일 경우 통상 230일/년 수준으로 작업을 한다면 그 정도를 표준으로 설정하면 된다. 주5일제 근무가 정착되면서 부품원가계산 시에 연간 작업일수도 줄어들어 경비계산이 높게 되어 부품가격이 올라간 면도 없지 않다. 하루 작업시간은 1교대 2교대 여부에 따라 10시간/일 또는 20시간/일로 반영하면 된다. 통상 고가의 장비인 경우와 제조공정상 2교대나 3교대가 필요한 경우는 20시간/일으로 작업시간을 반영하게 된다.

예를 들어 어느 공정의 작업시간이 20초이고 직접장비 설치면적이 20m², 부대면적비율이 50%, 건물단가가 300,000원/m²이라고 이며, 건물감가상각을 40년, 연간 작업일수를 230일/년, 하루 작업시간을 10시간/일이라 할 때 건물감가상각비는

· 건물감가상각비 = 20m² × 300,000원/m² × 1.5 ÷ 40년 ÷ 230일/년 ÷ 10시간/일 ÷ 3,600초/시간 × 20초 = 0.54 원이 된다.

＊직접장비 감가상각비 = 직접장비 취득가격(설치비 포함) × (1-잔존가율) ÷ 직접장비 감가상각년수 ÷ 연간작업일수 ÷ 하루 작업시간 × 공정별 작업시간

직접장비라 함은 공정별 직접작업자가 작업을 하는 장비를 말하며 직접장비를 제외한 공통 장비 성격의 장비를 간접장비라고 한다. 직접장비 취득가격은 설치비를 포함한 것으로 하며(고장자산 리스트에서 확인이 가능함) 잔존가율은 10% 정도로 세법 등을 참고로 표준 설정한다. 직접장비 감가상각년수는 세법과 장비 내구력 등을 고려하여 범용장비인 경우는 8년 정도로 표준 설정한다면 큰 무리가 없을 것이며 전용장비(해당 부품이 생산 중단되면 장비는 고철로 처리되는 경우)인 경우는 해당 품목의 양산 모델라이프 연수를 기준으로 감가상각처리하면 된다. 전용장비인 경우에 서비스(after service)용 부품에 대해서는 별도로 부품가격을 상호 협의하여 운

영하면 좋다. 부품원가계산 시 감가상각비 계산은 정액법을 기준하여 계산한다. 대부분의 업체들이 정률법 감가상각 방식을 적용하고 있으나 부품원가계산 표준(cost table) 설정을 위한 업체별 결산서 분석 시 정액법으로 치환하여 분석하면 되므로 문제가 없다.

예를 들어 어떤 범용장비의 직접장비 구입가가 200,000,000원이고 설치비가 별도로 20,000,000원이 들었을 때, 해당 공정의 작업시간 15초로 1교대 10시간/일 기준으로 직접장비 감가상각비를 계산하면

· 직접장비 감가상각비 = (200,000,000원 + 20,000,000원) × (1-0.1) ÷ 8년 ÷ 230일/년 ÷ 10시간/일 ÷ 3,600초/시간 × 15초 = 448.37원이 된다.

＊직접장비 전력비 = 직접장비 전력용량 × 부하율 × 전력단가 × 공정별 작업시간

직접장비 전력용량은 직접장비가 지니고 있는 전력용량이다. 앞에서 언급했듯이 간접장비에 대한 전력비는 산섭경비로 반영하므로 직접장비 전력비만 별도로 계산하면 된다. 부하율은 통상 장비가 지니고 있는 전력용량의 20~60% 선으로 순간적으로 전력이

소요되는 일부 용접기 같은 종류는 20% 수준이며 열처리로(가열로 포함)와 같은 장비는 60% 수준이지만 일반장비는 대체로 평균 40% 정도이므로 평균치로서 표준을 정하여 운영할 수도 있다. 부하율은 실측이 가능하므로 부품원가계산 표준(cost table) 설정 시 부하율에 대한 실측을 하여 표준 설정하면 된다. 또한 전력단가는 업체별 전력요금 납부 영수증을 확인하면 쉽게 알 수 있다. 부가세를 제외한 전력비를 전력사용량으로 나누어 보면 알 수 있다. 여러 업체들의 전력단가를 확인하여 그 평균치를 표준으로 설정하고 정기적으로 수정 보완하면 된다.

예를 들어 어떤 직접장비의 전력용량이 30kw이고 부하율 40%, 전력단가가 100원/kwh, 공정별 작업시간이 20초라고 할 때 전력비는

· 전력비 = 30kw × 0.4 × 100원/kwh ÷ 3,600초/시간 × 20초
= 6.67원이 된다.

＊수선비 = (건물감가상각비 + 직접장비 감가상각비) × 수선비율
수선비는 해당 업종의 실적 수선비를 장부상으로 분석하여 건물감가상각비와 직접장비 감가상각비의 합과 대비한 평균치를 표준으로 설정 운영하면 된다. 평균치가 제조업의 경우 10% 수준이라면 그 정도로 표준을 설정한다.

•간접경비 =직접경비 × 간접경비율

＊직접경비를 제외한 필연적 모든 경비계정 항목들을 부품별로 별도로 배분 계산하는 것이 어려우므로 업종별로 직접경비 대비 평균치를 분석하여 부품원가계산 표준(cost table)으로 설정하여 운영한다. 결산서를 분석한 결과 업종별로 차이가 날 수 있으나 분석결과가 제조업인 경우 직접경비 대비 평균값이 40% 수준이라면 그 정도로 표준 설정하면 된다. 분석결과 업종별 평균치에 대한 산포가 크다면 표준 설정을 업종별로 운영할 수도 있다. 간접경비에 포함된 항목으로는 간접장비 감가상각비, 간접장비 전력비, 절삭유, 방청유, 공장냉난방비, 대차 감가상각비 등등 제조현장에 필연적으로 들어가는 경비항목들이다. 간접경비율에 대하여 부품원가계산 표준(cost table) 설정 시 주의할 점은, 예를 들어 냉난방비라는 계정항목이 어떤 업체는 제조원가명세서상에 경비항목으로 되어 있고 또 다른 업체는 손익계산서상의 일반관리비성의 계정항목으로 되어 있다면 결산서 분석 시 어느 한 쪽으로 이관하든지 아니면 인원으로 적당히 배분하든지 하여 반드시 동일조건에서 분석을 해야 한다. 이것은 냉난방비라는 계정항목에 국한되지 말고 모든 계정항목을 분류할 때 합리적인 배분방식(인원, 용량, 건물면적 등)으로 배분한 후에 분석하여 표준을 구해야 한다. 그리고

100% 자동공정(무인공정)이거나 직접장비가 없이 완전 수작업 공정인 경우 직접노무비나 직접경비가 0원으로 계산되므로(실제로는 간접경비나 간접노무비가 존재함) 별도로 간접노무비와 간접경비를 반영해야 한다. 자동화가 많이 이루어진 업체의 결산서를 분석하여 경비 대비 간접노무비 비율을 분석할 수 있으며 역으로 수작업 공정이 대부분인 업체의 결산서를 분석하여 노무비 대비 간접경비를 구하여 그 기준을 설정하면 된다. 대략 100% 자동화에 가까운 공정인 경우 간접노무비는 계산한 경비의 10% 수준 정도이고, 100% 수작업인 공정인 경우 간접경비는 계산한 노무비의 10% 수준이라면 그 정도로 표준 설정하면 된다. 100% 자동공정이나 100% 수작업 공정이라 함은 해당 부품의 모든 제조공정이 해당되는 경우이며, 그렇지 않고 제조공정 중 일부만 해당될 때는 간접노무비, 간접경비를 별도로 반영하지 않는다.

예를 들어 어떤 부품의 직접경비를 계산한 결과 500원이라면 간접경비는

·간접경비 = 500원 × 0.4 = 200원이 되는 것이다.

3) 제조원가 = 재료비 + 가공비

4) 일반관리비 = 가공비 × 일반관리비율(업종별 결산서 분석을 통하여 가공비 대비 일반관리비율 평균치를 구하여 표준을 설정하면 된다. 결산서 분석 결과 업종별로 산포가 클 경우엔 업종별로 표준율을 설정하여 운영할 수도 있으나 제조업인 경우에 평균치가 20% 수준이라면 그 정도로 표준 설정하면 무리가 없다)

＊일반관리비율(판매관리비율) : 일반관리비의 계산은 부품원가계산 표준(cost table) 설정을 위한 결산서 분석 시 손익계산서에서 각각의 일반관리비 계정항목들을 분석하여 부품마다 배분 계산하는 것이 어려우므로 업종별로 일반관리비성 계정항목들을 합산하여 가공비 대비 평균치를 구한 다음 부품원가계산 표준(cost table) 설정하여 운영하면 편리하다. 임원 급여, 일반관리비성 급여(영업, 총무, 경리, 전산), 통신비, 포장비, 비품, 차량 감가상각비(세법기준 통상 5년 정도), 운반비, 택배비, 소독비, 사무용품비 등등이다. 분석 결과 업종별로 일반관리비율이 차이가 날 수 있으나 전체 업종 평균치가 20% 수준이라면 그 정도로 표준 설정할 수도 있다. 일반관리비 중에서 운반비는 업종별 매출액 대비 평균치를 별도로 산출한 값이 매출액 대비 1% 정도 수준이라면 운반비가 많이 드는 부품(부피가 크다)에 대하여 평균치 1%를 초과하는 금액만큼을 별도로 계산하여 반영한다.

5) 이윤 = (가공비 + 일반관리비) × 이윤율(갑과 을이 서로 상생할
수 있는 선에서 정책적으로 표준을 설정하여 운영하면 된다. 대체로
제조업인 경우에 20% 정도로 반영하여 부품에 대한 영업이익률을
가늠하기도 한다)

∗이윤율(영업이익률) : 기본 철학은 재료를 구입하여 부가가치를
발생시키는 노력을 하지 않고 그대로 되팔아서 이윤을 남기는
것을 배제하는 취지에서 부가가치 금액인 가공비와 일반관리
비의 합산 금액 대비 일정률로서 적용하면 좋다. 이윤율에 대
해 갑과 을이 상호 협의하되 갑의 부품 구매 정책적 고려가 우
선 시 될 수도 있으나, 을의 입장에서는 최소한 자본금을 은행
에 맡겼을 때보다는 이윤이 더 발생해야 하며, 사업상 앞으로
남고 뒤로 밑지는 경우도 있을 수 있으므로 서로가 적당한 선
에서(희망사항이지만 제조업이라면 매출액 대비 10% 정도는 보장
받아야 그나마 세금 납부, 금융비용, 기타비용 발생 등을 감당하면
서 사업을 지속할 수 있겠다) 서로 협의를 하면 좋을 것이다. 업
종이나 부품 특성상 재료비 비중(portion)이 높은 부품과 낮
은 부품이 있을 수 있으므로 가공비와 일반관리비의 합산 금
액 대비로 일정률(모든 업종에 대한 표준율을 20% 정도로 적용한
다고 하면)로 부품원가계산 표준(cost table)을 설정하여 운영
할 때 불합리적인 문제가 발생할 수도 있으므로(을 입장에서 재

료비 비중이 높은 부품을 기피하거나 가공비 부문을 부풀리려고 할 것임) 뒤에 나오는 재료관리비 항목으로 보완하여 운영하면 편리할 것이다. 부품원가계산 합계를 100%이라 할 때 재료비 비중(portion)이 50%인 부품인 경우 이윤을 제외한 부가가치 금액(가공비 +일반관리비)이 40% 선 정도라면 이윤은 8% 선(부가가치 금액인 가공비와 일반관리비 합산 금액에 20%)으로 반영이 될 것이다. 하지만 재료비 비중(portion)이 70%인 부품은 이윤을 제외한 부가가치 금액(가공비 + 일반관리비)이 20% 선이 되어 이윤은 4% 선으로 계산이 되므로 부품별, 업종별로 차별이 있게 된다. 이 문제를 해소하기 위해서 재료관리비 항목(별도로 설명)을 별도로 계산하여 재료비 비중(portion) 차이에 따라 다르게 반영되는 이윤을 어느 정도 균형 잡을 수 있다. 즉, 재료비 비중(portion)이 50% 부품인 경우에 재료관리비율(재료를 구입하는데 필요한 인건비, 재료 재고관리 비용 등)을 재료비 대비 5% 정도로 운영하면 2.5% 수준의 이윤보완 효과가 있을 수 있으므로 전체적으로 10.5% 정도의 이윤으로 계산이 될 것이다. 그리고 재료비 비중(portion)이 70% 부품인 경우 재료관리비율이 5% 선이라면 3.5% 수준의 이윤보완 효과가 있게 되어 전체적으로 7.5% 정도의 이윤으로 반영이 될 것이다. 재료관리비와 이윤을 연동하지 않고 이윤율을 부품별, 업종별로 차별을 두어 운영하는 방법도 생각할 수 있으나 이윤율을 차별하여 반

영하는 것은 특혜로 여겨질 수도 있고, 운영상 불합리한 문제
점도 예상되기 때문에 배제하는 것이 좋다.

6) 기타비용

·재료관리비 = 재료비 × 재료관리비율(대체로 제조업인 경우에
 5% 수준 정도로 적용하기도 하지만 갑의 구매정책에 따라 다소 유
 동적일 수 있다)

＊재료관리비 : 재료관리비는 재료를 구매, 보관, 재고관리 등에
 들어가는 비용을 말하며 재료비에 대한 일정 비율로 정한다.(업
 종별로 비용분석 결과 0.5~2% 정도 수준으로 차이가 날 수 있으나
 실제 운영은 5% 선으로도 할 수 있는 것이며 필요시 구매정책에 따
 라 탄력적으로 운영할 수도 있음, 차이가 나는 것은 귀금속과 같이
 고가인 재료와 싼 원재료를 구입하는 경우가 있음) 이윤 항목에서
 이미 설명했듯이 업종별 재료비 비중(portion) 차이에 대한 이
 윤율 보완 역할로서 중요한 항목이 재료관리비이다.

·금형비 : 금형비 가격결정 후 일시불 지급이나 모델라이프(부품
 의 양산 기간 예상생산량) 수량으로 상각하여 반영하며 예상 생
 산량과 실적과의 차이는 후에 정산처리 하면 된다.

＊해당 부품을 만들기 위해 개발된 금형에 대해 별도로 계산하여 부품원가계산 시 반영한다. 통상 일시불 지급하는 것으로 운영하지만 초기 개발비가 부담이 될 경우에 2~3년 정도로 분할하여 상각하기도 한다. 소요량이 많은(금형 타발 수명보다 소요량이 많아서 금형을 다시 만들어야 할 경우) 부품인 경우에 금형 타발 수명으로 영구상각처리하고 모델라이프 종료 시 정산해 주면 된다.(이 경우 금형수명 노후화로 인한 재제작 시 갑의 동의를 얻으면 편리할 것임) 금형비 가격결정 시 별도의 금형비 계산 기준을 설정하여 운영하면 편리할 것이다. 하지만 금형비 계산 기준을 만들 때 금형 재료비는 어느 정도 정확하게 산출할 수 있지만 가공비에 대해서는 산출에 어려움이 있으므로 금형비 계산 기준 설정 시 각별하게 주의하여야 한다. 참고로 일본의 어느 갑 입장의 회사에서 20여 년간 금형비 결정 실적을 분석한 결과 전체 금형비에서 재료비가 차지하는 비중(portion)이 20% 정도였다고 한다. 그것은 금형비 결정이 정확했든 아니든 현실적으로 그렇게 결정되었다는 것을 의미하므로 매우 유익한 분석결과라 하지 않을 수 없다. 부품의 형상이 복잡하여 금형을 만들기가 어려운 부품은 금형비가 높을 것이며 그렇지 않은 경우엔 금형비가 상대적으로 낮을 것이다. 주물금형과 일반 스틸금형, 철판 프레스 금형, 플라스틱 사출 금형 등과 같이 금형 종류별, 해당 업종별로 금형비 계산 기준을

만들어 운영해야 한다. 금형비 결정 업무를 할 때 담당자들이 금형의 재료비를 합리적으로 계산한 것인지를 따지면 금형비에 대한 대략적인 감을 잡을 수 있다.

·지그 및 체커비(Jig, Checker)

＊해당 부품의 경우 금형비와 같은 개념으로 부품원가계산 시 반영한다.

·파렛트비(Pallet)

＊부품 특성상 별도로 납품용 전용 Pallet를 제작해야만 할 경우에 그 비용을 모델라이프 수량으로 상각처리 반영한다. 이중계산을 방지하기 위하여 일반관리비 항목 중에서 납품용기 상각비 결산서 분석 시 전용 Pallet에 대한 상각비는 별도로 계산되므로 제외한 후 결산서를 분석하여 일반관리비 표준을 설정한다.

·파괴검사비(Tear Down)

＊품질관리를 위하여 갑과 을 쌍방의 합의로 매 로트(lot)당 몇 개씩 파괴검사(Tear Down)을 실시해야 하는 부품의 경우 그

비용을 부품원가계산 시 반영한다.

· 운반비

＊부품의 크기에 따라 운반비가 많이 들어가는 부품의 경우에
해당 업종 평균 운반비를 제외한 초과분에 한하여 별도로 계
산 반영한다. 평균 운반비율이 매출액 대비 1% 정도라면(이미
일반관리비율에 반영되므로 중복 지급 방지) 1%를 초과한 운반비
에 대하여 초과분만 계산 반영하여 특정 부품의 과다한 운반
비에 대하여 보완해 주는 것이다. 하지만 어떤 업종의 경우 전
반적으로 운반비가 높게 나오는 부품을 생산하게 된다면 결산
서 분석 시 운반비성 계정항목을 제외하고 일반관리비율을 표
준으로 설정한 후 부품원가계산 시 별도로 운반비를 적용할
수도 있다.

· 불량비 = 제조원가 × 불량률

＊특정 업종이나 부품의 제조공법이 기술력 등의 한계로 인하여
불량 발생이 불가피한 경우에 불량 발생분에 대하여 불량발생
공정까지의 제조원가 대비 불량률로서 계산 반영한다. 불량품
에 대한 일반관리비, 이윤 반영은 하지 않는다.

· 연구개발비(R&D)

＊특정 업종이나 부품의 경우에 기술연구소와 같은 연구개발비
가 필수적일 수 있다. 그런 경우 별도로 연구개발비(R&D)를 매
출액 대비 일정률로서 계산 반영한다. 결산서 분석 시 기술연
구소에 소요되는 비용을 분석하여 표준을 설정하여 운영하면
편리하다.

· 로열티(royalty) : 실비 계산

＊로열티(royalty)는 기술력이 부족하거나 특허 등으로 일정액을
반드시 부담해야 할 경우에 그 비용을 별도로 계산하여 부품
원가계산 시 반영한다. 로열티(royalty) 지급 조건은 계약서를
기준으로 하여 반영한다.

3. 부품원가계산 실례

 부품원가계산을 습득함에 있어 가장 보편적이고 이해하기 쉬운 철판 프레스 부품에 대한 부품원가계산 실습을 통하여 부품원가계산에 대한 확실한 이해를 한 다음 다른 업종들에 대한 부품원가계산을 해 나가면 누구나 쉽게 부품원가계산 전문가가 될 수 있다. 플라스틱 사출, 압출, 고무, 절삭, 주물, 스프링, 열처리, 용접(spot 용접, projection 용접, co2 gas 용접, brazing 용접, 서브머지드 아크 용접, 마찰 용접, 일반 아크 용접), 도금(아연 도금, 크롬 도금, 티타늄 도금, 플라스틱 크롬 도금), 도장(단순 dipping 도장, 분체 도장, 일반 spray 도장, 전착 도장, 플라스틱 spray 도장), 다크로 처리, 냉간 단조, 열간 단조, 소결, 파이프 가공, 다이캐스팅, 전장, 유리, 봉제 업종 등에 대해서도 같은 개념으로 부품원가계산을 하면 된다. 물론 서비스업, 농업, 광업, 어업 등 전반적으로 부품원가계

산 개념을 적용해 나가면 알고는 속을 수 있으나 모르고 속는 일
은 많이 줄일 수 있을 것이다.

3부

부품원가계산 실습

1. 철판 프레스 부품의 부품원가계산 실습 : 일반 브랏케트(bracket) 부품인 경우의 예

＊철판 프레스 부품(단순 브랏케트)의 부품원가계산을 하기 위한 사전에 필요한 정보 : 부품원가계산 이해를 위한 훈련용 단순 자료이므로 현실과 차이가 날 수 있다.

· 순중량 : 500g(0.5kg)

· 철판 종류 및 두께 : 냉연강판 1.2mm

· 비중 : 7.85

· 블랭크 사이즈(blank size) : 320mm × 220mm

· 사용 철판 규격 : 4' × 8'(1,219mm × 2,438mm)

· 재료단가 : 1,000원/kg

· 고철 단가 : 200원/kg

· 고철 회수율 : 90%

· 로트(lot) 수량 : 1,000개

· 금형교환시간 : 20분

· 금형 셋팅(setting) 수량 : 3개

· 적용임률 :11,250월/시간(시급 5,000원/시간, 직접임률 할증률 50%, 간접임률 할증률 50% 적용, 5,000원/시간 × 1.5 × 1.5 = 11,250원/시간)

· 예외시간율 : 10%

· 건물감가상각년수 : 40년

· 범용장비 감가상각년수 : 8년

· 연간 작업일수 : 230일/년

· 1일 작업시간 : 10시간/일

· 건물단가 : 300,000원/㎡

· 부대면적비율 : 50%

· 간접경비율 : 40%

· 수선비율 : 10%

· 전력단가 : 100원/kwh

· 부하율 : 40%

· 일반관리비율 : 20%

· 이윤율 : 20%

· 재료관리비율 : 5%

· 금형비(checker 비 포함) : 20,000,000원

· 모델라이프 예상 생산수량(부품의 양산 예상수량) : 500,000개

· 제조공정 : 쉐어링(shearing)--〉블랭킹(blanking)--〉포밍 (forming)--〉벤딩(bending)--〉피어싱(piercing)

· 블랭킹(blanking) 공정과 피어싱(piercing) 공정의 차이는 금형으로 따낸 부위가 부품으로 사용되면 블랭킹(blanking) 공정이라고 하고 금형으로 따낸 부위가 고철이 되면 피어싱(piercing) 공정이라 한다.

＊제조공정별 사용장비 현황

① 쉐어링(shearing) 공정 : 6척 쉐어링(shearing) 장비

　　장비가격 : 100,000,000원

　　전력용량 : 30kw

　　설치면적 : 20m²(4m × 5m)

　　작업인원 : 2명

　　순작업시간 : 6초/칼

② 블랭킹(blanking) 공정 : 150톤 프레스(press) 장비

　　장비가격 : 150,000,000원

　　전력용량 : 50kw

　　설치면적 : 25m²(5m × 5m)

　　작업인원 : 1명

순작업시간 : 7초/타발

③ 포밍(forming) 공정 : 120톤 프레스(press) 장비

　장비가격 : 120,000,000원

　전력용량 : 40kw

　설치면적 : 20m²(4m × 5m)

　작업인원 : 1명

　순작업시간 : 7초/타발

④ 벤딩(bending) 공정 : 120톤 프레스(press) 장비

　장비가격 : 120,000,000원

　전력용량 : 40kw

　설치면적 : 20m²(4m × 5m)

　작업인원 : 1명

　순작업시간 : 7초/타발

⑤ 피어싱(piercing) 공정 : 80톤 프레스(press) 장비

　장비가격 : 100,000,000원

　전력용량 : 30kw

　설치면적 : 20m²(4m × 5m)

　작업인원 : 1명

순작업시간 : 7초/타발

• 철판 프레스 부품 중에서 단순 브랏케트(bracket)의 부품원가 계산

＊재료비 계산
• 재료비 = [투입중량 × 재료단가 - [투입중량-(순중량 × 판당 부품 수량)]× 고철 단가 × 고철 회수율] ÷ 판당 부품수량 × (1 +금형 셋팅 수량 ÷ 로트 수량)

• 투입중량 = 부피 × 비중 = 가로 × 세로 × 두께 × 비중 = 1,219mm × 2,438mm × 1.2mm × 7,850/m³ ÷ 1,000mm/m ÷ 1,000mm/m ÷ 1,000mm/m = 28kg이 된다.

비중이란 같은 부피의 물과의 무게비로서 물 1m × 1m × 1m =1m³의 무게가 1,000kg일 때 철판의 무게는 7,850kg을 의미이므로 단위를 동일하게 환산하여 계산하면 된다. 같은 강판이라도 도금강판, 냉연강판, 열연강판, 두께별, 재질별로 비중에 차이가 있으므로 철판 메이커의 비중표를 기준으로 재료 규격별로 표준 설정하여 운영하면 편리하다.

판당 부품수량 계산 : 블랭크 사이즈(blank size)가 320mm × 220mm 이고 압연방향에 따른 철판의 작업 방향을 무시할 경우에 대하여 사용 철판에서 해당 부품의 블랭크 사이즈(blank size)를 가장 많이 얻을 수 있도록 계산하면 된다. 블랭크 사이즈(blank size)를 구하기 위해 블랭크(blank) 탁본(블랭킹 작업을 마친 블랭크를 잉크 같은 것으로 종이에 탁본한 다음 블랭킹 재료여유를 감안한 사이즈가 블랭크 사이즈임)을 활용할 경우에 반드시 돌려 따기, 오버랩 등을 반영하여 최소의 블랭크 사이즈(blank size)를 정하여 투입재료의 사용효율을 극대화해야 한다. 일정수준 이상의 양산 부품인 경우에 판재보다는 코일 형태의 재료를 사용하여 투입재료량의 효율 극대화와 공정 단축 등으로 생산성 향상을 해야 한다. 이런 경우에 주로 갑에서 철판을 통합 구매하여 을에게 사급(적정 단가로 판매함)을 하기도 한다. 철판과 같은 판재인 경우 철판 제조과정에서 압연방향으로 철판 내부에 미세한 균열(crack)이 존재할 수 있으므로 해당 부품이 힘을 많이 받는 경우라면(보강판 종류 포함) 압연방향과 해당부품이 힘을 받는 방향을 고려하여 부품을 생산해야 한다. 그렇지 않을 경우 철판 내부에 있는 미세 균열(crack)이 있는 부위가 부러질 수 있으므로 반드시 부품 생산 압연방향을 고려해야 한다. 철판의 경우 압연방향으로 미세 균열(crack)이 길게 발생하며, 통상 코일 형태나 판 형태인 경우 압연방향은 길이 방향이다.

판당 부품수량을 계산하면(사용 철판 규격과 블랭크 사이즈로 검토함)

    1,219mm ÷ 320mm = 3.81개 ≒ 3개

    2,438mm ÷ 220mm = 11.08개 ≒ 11개

이 경우 판당 부품수량 = 3 × 11 = 33개가 된다.

    1,219mm ÷ 220mm = 5.54개 ≒ 5개

    2,438mm ÷ 320mm = 7.62개 ≒ 7개

이 경우 판당 부품수량 = 5 × 7 = 35개가 되어 판당 부품수량은 35개로 적용한다.

따라서 재료비 계산식에 따라 수치를 대입하여 계산하면,

    ・재료비 = {28kg × 1,000원/kg - [(28kg - 0.5kg/개 × 35개) × 200원/kg × 0.9] ÷ 35개}× (1 + 3개 ÷ 1,000개) = 748.24원이 된다.

*노무비 계산

·노무비 = 직접작업인원수 × 임률 × 공정별 작업시간

① 쉐어링(shearing) 공정 노무비 계산 = 2명 × 11,250원/시간 × 6 초 × (1 + 0.1) ÷ 3,600초/시간 ÷ 5개/칼 = 8.25원이 된다.

② 블랭킹(blanking) 공정 노무비 계산 = 1명 × 11,250원/시간 × [7 초 × (1 + 0.1) + 20분 × 60초/분 ÷ 1,000개] ÷ 3,600초/시간 = 27.81원이 된다.

③ 포밍(forming) 공정 노무비 계산 = 1명 × 11,250원/시간 × [7 초 × (1 + 0.1) + 20분 × 60초/분 ÷ 1,000개] ÷ 3,600초/시간 = 27.81원이 된다.

④ 벤딩(bending) 공정 노무비 계산 = 1명 × 11,250원/시간 × [7 초 × (1 + 0.1) + 20분 × 60초/분 ÷ 1,000개] ÷ 3,600초/시간 = 27.81원이 된다.

⑤ 피어싱(piercing) 공정 노무비 계산 = 1명 × 11,250원/시간 × [7 초 × (1 + 0.1) + 20분 × 60초/분 ÷ 1,000개] ÷ 3,600초/시간 = 27.81원이 된다.

따라서 전체 노무비는 공정별 노무비의 합이 되므로

- 노무비 합계 = ① + ② + ③ + ④ + ⑤ = 8.25원 + 27.81원 + 27.81원 + 27.81원 + 27.81원 = 119.48원이 된다.

＊경비 계산

공정별 경비 = 경비율 × 공정별 작업시간
경비율은 직접경비율과 간접경비율의 합이다.

① 쉐어링(shearing) 공정 경비 계산

직접경비율 계산은

- 건물감가상각비율 = 300,000원/m² × 1.5 × 20m² ÷ 40년 ÷ 230 일/년 ÷ 10시간/일 ÷ 3,600초/시간 = 0.03원/초
- 직접장비 감가상각비율 = 100,000,000원 × (1 - 0.1) ÷ 8년 ÷ 230 일/년 ÷ 10시간/일 ÷ 3,600초/시간 = 1.36원/초
- 직접장비 전력비율 = 30kw × 100원/kwh × 0.4 ÷ 3,600초/시간 = 0.33원/초

・수선비율 = (건물감가상각비율 + 직접장비 감가상각비율) × 0.1 = (0.03원/초 +1.36원/초) × 0.1 = 0.14원/초

따라서 직접경비율은 건물감가상각비율, 직접장비 감가상각비율, 직접장비 전력비율, 수선비율의 합이므로

・직접경비율 = 0.03원/초 + 1.36원/초 + 0.33원/초 + 0.14원/초 = 1.86원/초

간접경비율은 직접경비율의 40%이므로

・간접경비율 = 1.86원/초 × 0.4 = 0.74원/초가 된다.

따라서 쉐어링(shearing) 공정의 경비율은 직접경비율과 간접경비율의 합이므로

・경비율 = 1.86원/초 + 0.74원/초 = 2.60원/초이다.
・쉐어링(shearing) 공정의 경비 = 경비율 × 공정별 작업시간 = 2.60원/초 × 6초/칼 × (1 + 0.1) ÷ 5개/칼 = 3.43원이 된다. 금형 교환시간 등이 없는 공정의 경우 공정별 순작업시간에 작업준비시간은 이미 반영된 것으로 간주한다.

② 블랭킹(blanking) 공정 경비 계산

직접경비율 계산은

- 건물감가상각비율 = 300,000원/㎡ × 1.5 × 25㎡ ÷ 40년 ÷ 230 일/년 ÷ 10시간/일 ÷ 3,600초/시간 = 0.03원/초
- 직접장비 감가상각비율 = 150,000,000원 × (1 - 0.1) ÷ 8년 ÷ 230 일/년 ÷ 10시간/일 ÷ 3,600초/시간 = 2.04원/초
- 직접장비 전력비율 = 50kw × 100원/kwh × 0.4 ÷ 3,600초/시간 = 0.56원/초
- 수선비율 = (건물감가상각비율 + 직접장비 감가상각비율) × 0.1 = (0.03원/초 +2.04원/초) × 0.1 = 0.21원/초

따라서 직접경비율은 건물감가상각비율, 직접장비 감가상각비율, 직접장비 전력비율, 수선비율의 합이므로

- 직접경비율 = 0.03원/초 + 2.04원/초 + 0.56원/초 + 0.21원/초 = 2.84원/초

간접경비율은 직접경비율의 40%이므로

- 간접경비율 = 2.84원/초 × 0.4 = 1.14원/초가 된다.

따라서 블랭킹(blanking) 공정의 경비율은 직접경비율과 간접경비율의 합이므로

- 경비율 = 2.84원/초 + 1.14원/초 = 3.98원/초이다.
- 블랭킹(blanking) 공정의 경비 = 경비율 × 공정별 작업시간 = 3.98원/초 × [7초 × (1 + 0.1) + 20분 × 60초/분 ÷ 1,000개] = 35.42원이 된다.

③ 포밍(forming) 공정 경비 계산

직접경비율 계산은

- 건물감가상각비율 = 300,000원/m^2 × 1.5 × 20m^2 ÷ 40년 ÷ 230일/년 ÷ 10시간/일 ÷ 3,600초/시간 = 0.03원/초
- 직접장비 감가상각비율 = 120,000,000원 × (1 - 0.1) ÷ 8년 ÷ 230일/년 ÷ 10시간/일 ÷ 3,600초/시간 = 1.63원/초
- 직접장비 전력비율 = 40kw × 100원/kwh × 0.4 ÷ 3,600초/시간 = 0.44원/초
- 수선비율 = (건물감가상각비율 + 직접장비 감가상각비율) × 0.1 = (0.03원/초 +1.63원/초) × 0.1 = 0.17원/초

따라서 직접경비율은 건물감가상각비율, 직접장비 감가상각비율,

직접장비 전력비율, 수선비율의 합이므로

· 직접경비율 = 0.03원/초 + 1.63원/초 + 0.44원/초 + 0.17원/초 = 2.27원/초

간접경비율은 직접경비율의 40%이므로

· 간접경비율 = 2.27원/초 × 0.4 = 0.91원/초가 된다.

따라서 포밍(forming) 공정의 경비율은 직접경비율과 간접경비율의 합이므로

· 경비율 = 2.27원/초 + 0.91원/초 = 3.18원/초이다.
· 포밍(forming) 공정의 경비 = 경비율 × 공정별 작업시간 = 3.18원/초 × [7초 × (1 + 0.1) + 20분 × 60초/분 ÷ 1,000개] = 28.30원이 된다.

④ 벤딩(bending) 공정 경비 계산

직접경비율 계산은

· 건물감가상각비율 = 300,000원/m² × 1.5 × 20m² ÷ 40년 ÷ 230

일/년 ÷ 10시간/일 ÷ 3,600초/시간 = 0.03원/초

· 직접장비 감가상각비율 = 120,000,000원 × (1 - 0.1) ÷ 8년 ÷ 230

일/년 ÷ 10시간/일 ÷ 3,600초/시간 = 1.63원/초

· 직접장비 전력비율 = 40kw × 100원/kwh × 0.4 ÷ 3,600초/시간

= 0.44원/초

· 수선비율 = (건물감가상각비율 + 직접장비 감가상각비율) × 0.1 =

(0.03원/초 +1.63원/초) × 0.1 = 0.17원/초

따라서 직접경비율은 건물감가상각비율, 직접장비 감가상각비율, 직접장비 전력비율, 수선비율의 합이므로

· 직접경비율 = 0.03원/초 + 1.63원/초 + 0.44원/초 + 0.17원/초 = 2.27원/초

간접경비율은 직접경비율의 40%이므로

· 간접경비율 = 2.27원/초 × 0.4 = 0.91원/초가 된다.

따라서 벤딩(bending) 공정의 경비율은 직접경비율과 간접경비율의 합이므로

· 경비율 = 2.27원/초 + 0.91원/초 = 3.18원/초이다.

· 벤딩(bending) 공정의 경비 = 경비율 × 공정별 작업시간 = 3.18 원/초 × [7초 × (1 + 0.1) + 20분 × 60초/분 ÷ 1,000개] = 28.30원 이 된다.

⑤ 피어싱(piercing) 공정 경비 계산

직접경비율 계산은

· 건물감가상각비율 = 300,000원/m^2 × 1.5 × 20m^2 ÷ 40년 ÷ 230 일/년 ÷ 10시간/일 ÷ 3,600초/시간 = 0.03원/초

· 직접장비 감가상각비율 = 100,000,000원 × (1 - 0.1) ÷ 8년 ÷ 230 일/년 ÷ 10시간/일 ÷ 3,600초/시간 = 1.36원/초

· 직접장비 전력비율 = 30kw × 100원/kwh × 0.4 ÷ 3,600초/시간 = 0.33원/초

· 수선비율 = (건물감가상각비율 + 직접장비 감가상각비율) × 0.1 = (0.03원/초 +1.36원/초) × 0.1 = 0.14원/초

따라서 직접경비율은 건물감가상각비율, 직접장비 감가상각비율, 직접장비 전력비율, 수선비율의 합이므로

· 직접경비율 = 0.03원/초 + 1.36원/초 + 0.33원/초 + 0.14원/초 =

1.86원/초

간접경비율은 직접경비율의 40%이므로

· 간접경비율 = 1.86원/초 × 0.4 = 0.74원/초가 된다.

따라서 피어싱(piercing) 공정의 경비율은 직접경비율과 간접경비율의 합이므로

· 경비율 = 1.86원/초 + 0.74원/초 = 2.60원/초이다.
· 피어싱(piercing) 공정의 경비 = 경비율 × 공정별 작업시간 = 2.60원/초 × [7초 × (1 + 0.1) + 20분 × 60초/분 ÷ 1,000개] = 23.14원이 된다.

따라서 브랏케트(bracket)의 경비는 공정별 경비 합계 금액이 되므로

· 경비 = ① + ② + ③ + ④ + ⑤ = 3.43원 + 35.42원 + 28.30원 + 28.30원 + 23.14원 = 118.59원이 된다.

*가공비 계산

　·가공비 = 노무비 + 경비 = 119.48원 + 118.59원 = 238.07원

*제조원가 계산

　·제조원가 = 재료비 + 가공비 = 748.24원 + 238.07원 = 986.31원

*일반관리비 계산

　·일반관리비 = 가공비 × 20% = 238.07원 × 0.2 = 47.61원

*이윤 계산

　·이윤 = (가공비 + 일반관리비) × 20% = (238.07원 + 47.61원) ×
　　　　0.2 = 57.14원

*재료관리비 = 재료비 × 5% = 748.24원 × 0.05 = 37.41원

*금형비 계산

·금형상각비 = 금형비 합계 ÷ 모델라이프 예상 생산수량(부품의 양산 예상 생산수량) = 20,000,000원 ÷ 500,000개 = 40.00원

＊부품원가계산 합계 계산

·부품원가계산 합계 = 재료비 + 가공비(노무비 + 경비) + 일반관리비 + 이윤 + 재료관리비 + 금형상각비 = 748.24원 + 238.07원 (119.48원 + 118.59원) + 47.61원 + 57.14원 + 37.41원 + 40.00원 = 1,168.47원이다.

이 부품의 부품원가계산 금액을 항목별로 분석해 보면,
　·재료비 : 748.24원(64%)
　·노무비 : 119.48원(10%)
　·경비 : 118.59원(11%)
　·가공비 : 238.07원(21%)
　·일반관리비 : 47.61원(4%)
　·이윤 : 57.14원(5%)
　·재료관리비 : 37.41원(3%)
　·금형상각비 : 40.00원(3%)
　·합계 : 1,168.47원(100%)

부품원가계산 표준(cost table) 설정을 위해 철판 프레스 업종에 대한 결산서 분석 시 결산서에서 매출액 대비 부품원가계산 항목별 백분율을 분석한 것과 비교를 하여 부품별로 계산한 부품원가계산과 결산서 전체적으로 분석한 자료와의 차이를 가늠해 볼 수도 있다. 부품원가계산을 연습하면서 굉장히 복잡한 계산이라고 여길 수도 있으나 그것은 어디까지나 기우에 불과한 것이다. 왜냐하면 부품원가계산은 표준화된 자료(데이터베이스)에 의해 전산화할 수 있는 패턴이기 때문이다. 컴퓨터가 일반화된 요즘 계산은 컴퓨터에게 맡기면 신속 정확한 답을 편리하게 구할 수 있다. 전산화를 하기 위한 자료(데이터베이스) 구축만 합리적으로 해 놓으면 아무리 복잡하고 많은 부품이라도 누구나 쉽게 부품원가계산이 가능할 것이다. 예를 든 철판 프레스 업종의 단순 브랏케트(bracket)의 부품원가계산에서 코스트 엔지니어링(cost engineering)을 고려한다면 재료비 계산에서 판 형태의 철판을 코일 형태로 바꾸면(물론 소요량이 적당량을 초과할 때) 고철 발생량을 최소화하여 부품의 재료비를 절감할 수 있으며, 제조공정 또한 상당히 단축하여 가공비를 줄일 수 있을 것이다. 우선은 부품원가계산에 대한 쉬운 이해가 목적이므로 제조공정을 자동화가 아닌 것으로 설정한 것이다.

4부

따져야 산다

1. 흔적

　흔적 남기는 것을 싫어하는 직업이 있다. 도둑질을 직업으로 하는 사람이라면 흔적 남기는 것을 죽기보다 더 싫어할 것이다. 도둑질뿐만 아니라 죄를 짓는 모든 사람들은 자신들의 흔적을 무조건 감추려고 한다. 이유는 죄가 드러날 수 있기 때문이다. 따지는 기술 즉 부품원가계산은 흔적 남기기 기술이라고 할 수 있다. 모든 자료는 그 태생 즉 흔적이 있어야 하는 것이 부품원가계산이다. 극히 일부 사람들이 부품원가계산을 하면서 흔적을 감추려고 하는 경우도 있으나 그것은 어리석은 행동이다. 도둑질 하는 사람이 자신의 흔적을 감추려는 것과 같이 보일 수 있는 행동이기 때문이다. 이런 행동을 하는 사람들은 부품원가계산에 대한 확실한 이해가 되지 않은 경우이거나(몰라서) 아니면 정말로 도둑질처럼 흔적 남기기를 싫어해서 그와 같은 행동을 할 것이다. 흔적을 남기면 언젠가 그것이 족쇄가 될 수 있으므로 가능하면 감추려고 하는 도둑의 심리와 다를 바 없는 것이다. 흔적 만들기가 곤란할 경우에 가짜 자료를 첨부하거나 자신이 확인해야만 하는 것을 제대로 확인하지 않고 업무를 대충 처리하여 훗날 그 불완전한 흔적 때문에 사람들로부터 이상한 오해를 받는 사람들도 많이 있다. 흔적을 남기는 것은 객관적 자료에 의한 검증을 받겠다는 것이다. 부품원가계산을 하여 네고를 하고 전결권에 따라 상사에게 결재를 받을 때 1차적으로 검증을 받는 것이고, 정기적 혹은 비정기적으로 업무감사를 통하여 2차적인 검증을 받게 되므로 객관적이 아닌 자료로는 검증받기가 어려울 것이다. 보다 더 냉정하게 생각하면 부품원가계산은 흔적 만들기 기술이라 할 수 있다. 어느 제품을 부품에 하자가 있어서 수백만 대를 리콜 할 때 들어가는 비용과 회사의 이미지 추락 같은 것을 고려하면 더욱 부품원가계산서의 중요성을 인식해야 한다. 어떤 부품이 열처리를 잘못해서(혹은 누락해서) 리콜을 했다면 그 부품을 만드는 회사에 손해배상을 청구할 것인데 해당 부품 업체에서 열처리에 대한 비용을 현실적으로 인정받지 못했다고 하면 어떻게 할 것인가? 그럴 경우 우선 부품원가계산서(내역서)를 세밀하게 조사할 것이다. 그런데 정말로 갑이 부품원가계산서를 작성할 때 열처리 비용을 현실과 동떨어지게 산정해 놓았거나 누락했다면 문제가 심각하게 돌아갈 것이다. 이렇게 부품원가계산은 흔적 남기기를 하는 과정이며 그 흔적은 아마도 상당히 오래도록 보존될 것이므로 합리적이고 논리적인 흔적 남기기가 아니라면 훗날 반드시 그 대가를 지불할 일이 생길 것이다. 담당자가 작성한 부품원가계산서를 검토하면서 작은 부품인 경우 개당 20원이라고 작성을 하고 20원에 대한 관련 근거가 세금계산서나 거래명세서 정도의 복사본만 있는 경우라면 이런 질문을 해 보면 좋겠다. 왜 하필 개당 20원인가요? 30원이나 10원일 수도 있을 텐데요? 실제 거래 단가라고 담당자는 항변할 것이다. 그렇다면 해당 부품에 대한 부품원가계산서(자체견적서)를 작성하라고 하여 그것을 면밀히 검토하면 보다 객관적인 단가 검증이 가능할 수 있을 것이다. 따지려면 정확하고 확실하게 따져야 한다. 따지는 흉내만 내는 것은 따지는 것이 아니다. 부품원가계산은 더 이상 부품원가계산상으로 쪼갤 수 없을 정도까지 따지는 것이다. 그러면 답이 보인다. 하지만 따지는 기술이 부족한(제조기술에 대한 경험이 부족) 경우에 대충 따지려는 경향이 있다. 따지기가 싫어서가 아니라 따지는 기술이 부족한 것이 문제의 본질인 것이다. 따라서 부품원가계산을 능숙하게 하려면 부품 제조에 대한 기술적 이해가 선행되어야 한다. 그래야 깔끔한 흔적을 과감하게 남길 수 있다.선불리 흔적을 남기면 훗날 자신이 남긴 그 흔적의 족쇄로 인하여 본인이나 조직이 큰 고통을 겪을 수 있다.

2. 장비 감가상각에 대하여

　아래와 같은 사양의 어떤 장비가 있는데 '10시간/일 감가상각처리 할 것인가? 아니면 20시간/일 감가상각처리 할 것인가?'에 대하여 고민할 경우가 많을 것이다. 따져 보면 될 것인데 따지기를 싫어해서 헤매고 있는 것이다. 부품원가계산 틀이 확정되면 그 기준으로 따져서 비용이 적게 발생하는 쪽을 선택하면 될 것이다. 1일 10시간 작업 기준 시 계산한 비용(노무비, 경비, 일반관리, 이윤)과 1일 20시간 작업 기준 시 발생하는 비용(노무비, 경비, 일반관리, 이윤)이 동일한 장비가격대를 구해 해당 장비가격 이상인 장비는 1일 20시간 작업 기준으로, 해당 장비가격 이하인 장비는 1일 10시간 작업 기준으로 부품원가계산 표준(cost table)을 설정하여 운영하면 될 것이다. 그렇지만 갑 입장에서 충분한 부품 소요량이 없을 경우라면 현실적으로 1일 1교대로 감가상각처리 할 수밖에 없을 것이다. 하지만 을 입장에서도 범용장비에 대해서는 거래처를 다각도로 찾는 노력을 하여 최소한의 경비로 부품을 제조할 수 있는 여건을 만들어야만 무한경쟁 시대에서 살아남을 수 있다.

- 장비가격 : A원
- 공정 작업시간 : a초
- 설치면적 : 30㎡ (5m × 6m)
- 직접작업인원 : 1명, 2명, 3명, 0.5명 인 경우 별도로 계산
- 1교대 임률 : 11,250원/시간
- 2교대 임률 : 1교대 임률 × 1.1 (2교대 업체의 임률 분석 결과 1교대 업체 대비 10% 정도 할증인 경우)
- 직접장비 감가상각년수 : 8년
- 건물감가상각년수 : 40년
- 연간작업일수 : 230일
- 직접장비 잔존가율 : 10% (직접장비 취득원가 대비 10%인 경우)
- 간접경비율 : 40% (직접경비율 대비)
- 수선비율 : 10% (건물감가상각비와 직접장비 감가상각비 합계 대비 10%인 경우)
- 건물단가 : 300,000원/㎡
- 부대면적비율 : 50% (직접장비 설치면적 대비 50%인 경우)
- 일반관리비율 : 20% (가공비 대비 20%인 경우)

· 이윤율 : 20% (가공비와 일반관리비의 합계 대비 20%인 경우)

1) 직접작업인원이 1명일 때 : 부품원가계산 틀에 맞게 계산을 하면,

{1명 × 11,250원/시간 ÷ 3,600초/시간 × a초 + [(30m² × 300,000원/m² × 1.5 ÷ 40년 ÷ 230일/년 ÷ 10시간/일 ÷ 3,600초/시간 × a초) + (A원 × 0.9 ÷ 8년 ÷ 230일/년 ÷ 10시간/일 ÷ 3,600초/시간 × a초)]× 1.4 × 1.1} × 1.2 × 1.2 = {1명 × 11,250원/시간 × 1.1 ÷ 3,600초/시간 × a초 + [(30m² × 300,000원/m² × 1.5 ÷ 40년 ÷ 230일/년 ÷ 20시간/일 ÷ 3,600초/시간 × a초) + (A원 × 0.9 ÷ 8년 ÷ 230일/년 ÷ 20시간/일 ÷ 3,600초/시간 × a초)]× 1.4 × 1.1} × 1.2 × 1.2 라는 식에서 장비가격 A를 구하면 된다. 계산을 한 결과 장비가격은,

A ≒ 27,000,000원이 된다.

같은 방법으로

2) 직접작업인원이 2명일 때 : 부품원가계산 틀에 맞게 계산을 하면,

{2명 × 11,250원/시간 ÷ 3,600초/시간 × a초 + [(30m² × 300,000

원/m² × 1.5 ÷ 40년 ÷ 230일/년 ÷ 10시간/일 ÷ 3,600초/시간 × a초) + (A원 × 0.9 ÷ 8년 ÷ 230일/년 ÷ 10시간/일 ÷ 3,600초/시간 × a초)]× 1.4 × 1.1} × 1.2 × 1.2 = {2명 × 11,250원/시간 × 1.1 ÷ 3,600초/시간 × a초 + [(30m² × 300,000원/m² × 1.5 ÷ 40년 ÷ 230일/년 ÷ 20시간/일 ÷ 3,600초/시간 × a초) + (A원 × 0.9 ÷ 8년 ÷ 230일/년 ÷ 20시간/일 ÷ 3,600초/시간 × a초)]× 1.4 × 1.1} × 1.2 × 1.2 라는 식에서 장비가격 A 를 구하면 된다. 계산을 한 결과 장비가격은,

A ≒ 57,000,000원이 된다.

마찬가지로

3) 직접작업인원이 3명일 때 : 부품원가계산 틀에 맞게 계산을 하면,

{3명 × 11,250원/시간 ÷ 3,600초/시간 × a초 + [(30m² × 300,000 원/m² × 1.5 ÷ 40년 ÷ 230일/년 ÷ 10시간/일 ÷ 3,600초/시간 × a초) + (A원 × 0.9 ÷ 8년 ÷ 230일/년 ÷ 10시간/일 ÷ 3,600초/시간 × a초)]× 1.4 × 1.1} × 1.2 × 1.2 = {3명 × 11,250원/시간 × 1.1 ÷ 3,600초/시간 × a초 + [(30m² × 300,000원/m² × 1.5 ÷ 40년 ÷ 230일/년 ÷ 20시간/일 ÷ 3,600초/시간 × a초) + (A원 × 0.9 ÷ 8년 ÷ 230일/년 ÷ 20시간/일 ÷ 3,600초/시간 × a초)]× 1.4 × 1.1} × 1.2 × 1.2 라는 식에서 장비가격 A

를 구하면 된다. 계산을 한 결과 장비가격은,

A ≒ 87,000,000원이 된다.

또한

4) 직접작업인원이 0.5명(작업자 1명이 직접장비 2대로 작업을 할 경우)일 때 : 부품원가계산 틀에 맞게 계산을 하면,

$\{0.5$명 × 11,250원/시간 ÷ 3,600초/시간 × a초 + [(30m² × 300,000원/m² × 1.5 ÷ 40년 ÷ 230일/년 ÷ 10시간/일 ÷ 3,600초/시간 × a초) + (A원 × 0.9 ÷ 8년 ÷ 230일/년 ÷ 10시간/일 ÷ 3,600초/시간 × a초)]× 1.4 × 1.1$} × 1.2 × 1.2 = \{0.5$명 × 11,250원/시간 × 1.1 ÷ 3,600초/시간 × a초 + [(30m² × 300,000원/m² × 1.5 ÷ 40년 ÷ 230일/년 ÷ 20시간/일 ÷ 3,600초/시간 × a초) + (A원 × 0.9 ÷ 8년 ÷ 230일/년 ÷ 20시간/일 ÷ 3,600초/시간 × a초)]× 1.4 × 1.1$} × 1.2 × 1.2$ 라는 식에서 장비가격 A를 구하면 된다. 계산을 한 결과 장비가격은,

A ≒ 12,000,000원이 된다.

상기 계산 결과를 참고하면 직접작업자 1명이 작업하는 장비일 경

우 부품원가이야기에서 가정한 부품원가계산 기준을 적용했을 경우에 장비가격이 27,000,000원 이상이면 20시간/일 감가상각 처리함이 비용을 줄일 수 있고, 직접작업자 2명이 작업하는 장비일 경우엔 57,000,000원 이상, 직접작업자 3명이 작업하는 장비일 경우엔 87,000,000원 이상의 장비라면 20시간/일 감가상각 처리함이 유리하다는 것이다. 그리고 직접작업자 1명이 2대의 장비로 작업을 할 수 있는 장비라면 12,000,000원 이상의 장비일 경우 20시간/일 감가상각 처리함이 유리한 것이다. 이것은 범용장비의 장비가격이 적정 가격 이상이 되었을 때 2교대 작업을 하는 것이 경비상으로 유리하다는 것이다. 장비가격이 매우 저렴한 경우에 20시간/일 작업을 한다면 비용만을 고려할 때 불리할 수 있다는 것을 알 수 있다.

3. 부품원가계산 시 단위 처리

단위를 정확히 이해하지 않고는 부품원가계산을 할 수 없다. 따라서 부품원가계산을 이해하려면 기본적으로 단위에 대한 완전한 이해가 선결되어야 한다. 단위 환산표는 업무노트나 인터넷 등에서 쉽게 접할 수 있는 정보이므로 생략하고 단위 환산을 쉽게 할 수 있는 방법을 찾아보기로 하자. 쉽게 생각해 보면,

1m = 1,000mm 이라면 1m = 1,000 × 1mm 인 것이다. 따라서 양변을 1,000으로 나누어 주면 1mm = 1/1,000m 가 될 것이다. 이와 같이 모든 숫자와 단위 사이엔 곱하기 부호가 생략되어 있고, 모든 숫자와 문자에는 1이 곱해 진 것으로 생각하면 단위 환산에 따른 혼란으로부터 벗어날 수 있을 것이다. 마찬가지로 1kg = 1,000g 일 때 1kg = 1,000 × 1g 이므로 양변을 1,000으로 나누어 주면 1g

= 1/1,000kg 이 된다. 표면처리 비용을 계산할 때 종종 사용하는 dm^2 이라는 단위가 있다. $1dm^2$는 가로 × 세로 = 10cm × 10cm = $100cm^2$ = 100mm × 100mm = $10,000mm^2$이다. 표면처리 면적을 계산한 결과가 $10,000mm^2$ 이고, 해당 표면처리 비용의 부품원가계산 표준(cost table)이 100원/dm^2 일 때 표면처리 비용을 계산하면,

표면처리 비용 = 표면적 × 표면처리 비용의 부품원가계산 표준(cost table) = $10,000mm^2$ × 100원/dm^2 = 10,000 × $1mm^2$ × 100원/dm^2 이므로 $1mm^2$ = 1/$10,000dm^2$ 을 대입하면 결국 표면처리 비용은 = 10,000 × 1/$10,000dm^2$ × 100원/dm^2 = 100원이 된다. 아주 쉬운 단위 환산에 대하여 언급한 이유는 수많은 부품들의 부품원가계산을 하면서 혹시라도 있을지 모르는 단위 환산 오류에 대한 경각심을 심어 주기 위한 것이다. 초등학교 수준의 단위 환산 문제처럼 보이지만 간혹 많은 업무를 처리하다보면 착각을 하여 중대한 실수를 할 수도 있다. 실수는 돈으로 집행이 되므로 단위 환산 문제는 곧 돈 문제가 된다.

4. 사양서(specification) 활용

모든 장비는 사양서가 있다. 장비의 규격과 운전 요령 등이 기록된 근거이다. 간단한 장비라면 해당 장비에 직접 기본적인 사양이 적힌 라벨 등이 붙어 있어서 장비 특성을 쉽게 파악할 수 있으나 장비가 복잡하거나 시스템적인 특성을 가진 장치라면 반드시 사양서(specification)를 확보하여 해당 장비의 공정별 작업시간이나 설치면적, 전력용량 등을 정할 때 참고로 해야 실수를 하지 않을 것이다. 장비 사양서(specification)에 최대 생산능력과 최소 생산능력이 표시되어 있을 때는 정상적인 운전 상태(평균 생산능력)와 실제 생산실적을 참고하여 고가의 장비에 무리가 가지 않는 범위 내에서 공정 작업시간을 정하면 좋다. 특히 콘베이어 작업인 경우 콘베이어 속도로 공정 작업시간을 설정할 경우 합리적인 콘베이어 속도(평균 속도, 장비 사양 속도, 실적 속도 등을 고려함)로 설정해야 한다.

장비뿐만 아니라 모든 재료도 재료규격(material specification)이 있다. 재료규격도 때로는 부품원가계산을 할 때 활용할 수 있다. 예를 들면 도장용 페인트인 경우 페인트를 칠하고 말랐을 때 남아있는 고형분의 중량 등으로 페인트 효율성을 가늠할 수도 있다. 이렇게 객관적인 자료 등으로 부품원가계산을 하면 갑이나 을이나 불만사항이 사라지게 된다. 목소리 큰 사람이 이기는 시대는 이미 지나갔다. 누가 더 합리적이고 논리적으로 상대방을 설득하고 이해시키느냐가 사업의 성공여부를 결정짓게 되는 시대이다.

5. 실수는 없다

부품원가계산에는 실수가 있어서는 안 된다. 왜냐하면 부품원가계산을 하면서 실수를 한다는 것은 치명적이 될 수도 있기 때문이다. 사람이 하는 일이라서 실수가 있을 수도 있다고 생각하는 사람이라면 부품원가계산 업무를 할 기본 정신이 결여된 사람이다. 작은 실수를 하면 다른 사람들이 볼 때 혹시 어떤 꿍꿍이가 있는 것이 아닐까? 이렇게 생각을 할 수도 있을 것이고, 큰 실수라면 회사에 엄청난 손해를 입게 만들 수도 있기 때문이다. 부품원가계산 업무를 할 경우엔 본인의 능력(실수하지 않을 자존심)을 걸고 해야 실수를 없앨 수 있다. 실수를 하지 않으려고 정확한 것에 너무 비중을 두다보니(부품원가계산을 완전히 이해한 사람이라면 쉽게 처리할 수 있음) 업무 추진이 더디게 될 수도 있다. 업무 처리가 더딘 것 역시 부품원가계산에서는 지양해야 할 요소이다. 돈이라는 것은 필요한 때 필요한 만큼 지원돼야 하는데 부품원가계산 담당자의 업무 처리 지연으로 인하여 필요한 때에 돈을 지불하지 못 한다면 부도가 날 수도 있기 때문이다. 따라서 부품원가계산은 신속과 정확이라는 두 마리 토끼를 잡아야 하는 것이다. 하지만 부품원가계산 담당자들이 객관적으로 허용할 수 있을 정도의 실수를 할 때가 있다. 부품원가계산 업무 특성을 잘 모르는 관리자들이 물리적으로 도저히 주어진 시간 내에 업무처리를 마무리할 수 없을 정도의 업무량을 준다면 담당자는 미친 년 널뛰기 하듯이 업무를 할 수밖에 없을 것이고 그러면 실수가 따르게 된다. 따라서 부품원가계산 업무는 업무량을 산정할 때 과부하가 걸리지 않도록 인원 배정을 해주어야 한다. 따진 만큼 남는 것이 비즈니스이므로 그렇게 해도 손해를 보지 않을 것이다.

6. 천연기념물

천연기념물이라는 것은 아주 귀한 것이라서 국가가 보호를 하기 위하여 지정하는 것이다. 부품원가계산 실무를 10여년 정도 했을 때 업무 처리 미숙이나 실수로 인하여 업무 감사에서 지적 받아 징계(경고, 전출, 시말서, 감봉, 정직, 해고 등)를 한 번도 받지 않은 사람을 천연기념물이라고 부르기도 한다. 천연기념물이 세상에 존재하듯이 그렇게 완벽한 사람도 존재하고 있다는 것이다. 그런 사람이 존재하는 이유는 정말로 완벽한 논리로 무장을 한 사람이라서 모든 업무를 투명하게 처리하는 능력을 가졌거나 아니면 업무 감사를 하는 감사팀 사람들이 그 사람의 논리 모순을 찾아내지 못해서 일 수도 있다. 그 어떤 이유든지 간에 천연기념물 같은 사람들이 많아야 세상이 발전하게 된다. 그렇다고 천연기념물 같은 사람 중에 접시 깰까봐 설거지를 못하는 사람이 있어서는 안 된다. 설거지를 열심히 하면서 접시까지 깨지 않는 사람이 바로 천연기념물 같은 사람이다. 부품원가계산 업무에 유독 천연기념물 같은 사람이라는 말이 유행하고 있는 것은 그 만큼 부품원가계산 업무가 만만한 것이 아니라는 것을 반증하는 것이다. 감사부서에서 자신들의 업무성과를 가장 잘 올릴 수 있는 부문이 부품원가 관련 업무와 구매 관련 업무라는 말이 있다. 그것은 그런 부서의 업무가 상대적으로 넓고 많다는 것이다. 업무 특성상 어쩔 수 없는 것이라고 할 수 있지만 한편으론 자신들이 하는 업무에 대한 완벽한 업무규정 같은 것을 만들어 활용하지 못한 것이 원인일 수도 있다.

7. 시간

시간과 부품원가계산은 불가분의 관계이다. 시간 없는 부품원가계산은 존재할 수 없다. 우리가 알고 있는 시간이라는 것은 년, 월, 일, 시, 분, 초이며 인생살이는 이런 시간의 단위와 어울려 진행되는 것이다. 시간 단위 중에서 인간이 가장 가늠하기 쉬운 것이 초라는 단위일 것이다. 그러므로 부품원가계산 시 초라는 시간 단위를 사용하면 객관적으로 판단하기가 쉬울 것이다. '시간은 금이다'라는 말을 어렸을 때부터 굉장히 많이 들었다. 특히 부품원가계산을 하는 사람들은 아마도 이 말이 하나도 틀리지 않다고 느끼면서 살아갈 것이다. 부품원가계산은 3,600이라는 수치가 매우 중요하다. 3,600초/시간이라는 단순한 진리를 이용해 보면 모든 것이 좀 더 실질적이고 피부로 느낄 수 있는 수치로 다가올 것이다. 작업시간이 많이 걸리는 토목, 건축공사나 장비제조, 금형가공(지그나 체커

제작 포함)과 같은 업종은 시간 단위를 사용하기도 한다. 때로는 사람숫자와 작업시간을 곱한 맨아워(man-hour)라는 개념을 활용하기도 하지만 부품원가계산에서의 원칙은 초단위로 관리하는 것이다.

우리나라의 연간 예산금액을 따져보면

　·292조/년÷ 365일/년 ÷ 24시간/일 ÷ 3,600초/시간
　= 9,260,000원/초

한 가정의 연간 생활비가 3,000만원이라면

　·3,000만원/년 ÷ 365일/년 ÷ 24시간/일 ÷ 3,600초/시간
　= 0.95원/초

연봉 5,000만원인 직장인의 경우를 보면

　·5,000만원/년 ÷ 230일/년 ÷ 10시간/일 ÷ 3,600초/시간
　= 6.04원/초

시급 5,000원인 아르바이트 직원의 경우는

· 5,000원/시간 ÷ 3,600초/시간 = 1.39원/초

위와 같이 여러 가지 경우를 모두 초당 금액으로 환산해 보면 그 크기를 피부로 절실하게 느낄 수 있다. 1초마다, 다시 말해 시계의 초심바늘이 한번 움직일 때마다 비용 발생 금액을 알 수 있는 것이다. 우리나라의 경우 하루 24시간 기준해서 1초당 9,260,000원(국민 1인당으로 환산하면 1초에 0.18원 정도의 세금을 눈을 뜨거나 감거나 내야 한다)의 세금을 국민들로부터 걷어야 적자 재정이 생기지 않을 것이고, 생활비를 1년에 3,000만원 쓰는 가정인 경우 가계수입이 주야로 하루도 쉬지 않고 1초당 0.95원 이상은 되어야 가계 빚이 늘어나지 않는다. 연봉이 5,000만원인 직장인은 직장생활을 하면서 1초에 6.04원 이상의 부가가치를 발생시켜야 월급 받으면서 미안한 마음이 생기지 않을 것이다. 시급 5,000원인 아르바이트 직원은 1초에 1.39원의 부가가치를 발생시켜야 제값을 하는 것이다.

위의 예에서와 같이 조직원 전부가 부품원가계산을 이해하게 한다면 주인의식을 가지고 자신이 현재 발생시키는 비용의 크기를 피부로 느끼게 할 수 있고 반드시 그 이상의 부가가치를 조직이 얻을 수 있도록 해야만 조직이 존재할 수 있다는 마음가짐을 가지게 된다. 부품원가계산은 주인의식을 심어주는데 없어서는 안 되는 것이다.

8. 네고

네고라는 말은 협상(negotiation)에서 유래된 말이다. 무슨 일이든지 이해 당사자인 상대가 있는 것이 세상이다. 상대성이론에 대한 것을 논하는 것이 아니라 사람들이 모여 사는 사회는 늘 네고라는 것이 존재한다. 상대를 설득하고 이해하고 협상하여 결론에 도달하는 일련의 과정이 네고인 것이다. 협상이라는 용어보다는 현실적으로 네고라는 말을 사용하는 경우가 많으므로 네고라고 표현한 것이다. 부품원가계산에서 네고는 1차적으로 부품원가계산 표준(cost table) 설정 시 이루어진다. 부품원가계산을 어떤 방식으로 할 것인지, 방법이 정해졌다면 부품원가계산 시 필요한 항목들은 어떤 것을 기본 사료도 하여 어떻게 수치 표준화를 설정할 것인지, 업종 업체별로 편차가 발생하는 수치들은 어떤 것을 표준으로 설정할 것인지, 기초자료를 얻기 위한 모집단은 어떤 기준으로 선정할 것이며 몇 년 치 자료를 분석할 것인지, 그리고 표준으로 설정된 것은 수정 보완을 어떤 주기로 누가 할 것인지 등등 모든 것을 상대방이 이해할 수 있도록 네고를 하는 것이다. 그것이 완료되면 네고는 80% 이상 완료된 것이라 해도 무리가 아니다. 나머지는 부품별 가격결정업무를 하면서 개별적으로 네고를 하게 된다. 상대방의 견적서와 부품원가계산 표준(cost table)을 적용하여 견적서를 작성한 것을 가지고 서로 네고를 하게 되는데 이것이 2차 네고인 것이다. 대부분의 경우 1차 네고의 기준대로 서로가 합의를 하지만 특별한 경우, 즉 부품원가계산 표준(cost table)으로 네고가 어려운 경우가 있을 수 있다. 신공법이라든지 아니면 신규 재료를 사용한다든지 하여 기존의 부품원가계산 표준(cost table)으로 적용할 수 없는 경우, 또는 부품 소요량이 아주 소량이어서 부품 조달하기가 어려울 경우, 생산기술상 어쩔 수 없이 제조공정에서 불량률이 심한 경우(한시적으로 라인이 안정될 때까지 만이라도) 등등과 같은 경우에 네고를 하는 것이다. 이럴 경우에도 가능하면 부품원가계산 표준(cost table)에 의한 부품원가계산서를 작성하고 그 자료에서 어떤 항목이 얼마만큼 차이가 난 것인지를 분석해서 네고의 결과를 기록으로 남겨야 한다. 부품가격결정에 대한 감사를 하면서 부품원가계산 표준(cost table)에 의한 부품원가계산서의 재료단가에 대하여 업체 견적서보다 재료단가가 더 높게 인정되었다고 말을 하는 것을 본 적이 있다. 아마도 감사 담당자가 부품원가계산 표준

(cost table)에 대한 이해를 충분히 하지 못한 상태였던 것이다. 까진 데만 보고 질문을 해서 그렇다면 부품원가계산 표준(cost table)에 있는 항목들 중에 업체 견적서에서 높게 요구하는 항목에 대해서는 뭐라고 답을 할 것인지 되물은 적이 있다. 종종 을 입장의 견적서상의 견적단가가 표준보다 낮게 계산된 경우도 있을 수 있지만 이때도 부품원가계산 표준(cost table)을 적용한 부품원가계산서의 원가항목 중에서 네고를 할 것은 네고를 하여 부품가격을 동일 품질조건이라면 업체 견적가격 이내에서 결정해야 하는 것이 네고인 것이다. 물론 현실과 괴리가 심한 부품원가계산 표준(cost table)이라면 수정 보완해야겠지만 표준을 적용하면서 약간의 수치 차이에 대하여 민감해 할 필요는 없는 것이다. 그것이 부품원가계산 표준(cost table)에 의한 네고의 특성이기 때문이다. 네고는 기술이며 진검승부이다. 사느냐 죽느냐의 문제이다. 네고를 얼마나 잘 하느냐에 생사가 결정된다고 해도 과언이 아니다.

9. 선제적 부품원가계산

    부품원가계산을 할 때 개별적으로 계산을 편리하게 합리적으로 할 수 있는 항목은 가능하면 그 항목 그대로 직접 계산을 하는 것이 좋다. 두루뭉술하게 간접경비나 일반관리비 개념으로 여겨 공통비 성격으로 계산했을 경우에 갑과 을 사이에 다툼이 생겼을 때 서로 따지기가 어렵기 때문이다. 즉 다툼의 내용을 확실하게 규정할 수 없게 된다. 과거에 낙동강 페놀사태가 발생하여 임신부가 유산을 하는 등 사회적으로 큰 문제가 발생했었다. 당시 낙동강 유역의 폐수처리장치 관련 업종에 대한 집중적인 점검을 했었는데, 폐수처리 비용에 대하여 거래처 대기업에서 부품원가계산 시 반영해 주지 않기 때문에 어쩔 수 없었다고 영세업체들이 주장했더라면 해당 대기업은 사회적 도덕적 책임을 뒤집어 쓸 수밖에 없었을 것이다. 그런 비양심적 대기업에 대해 소비자들은 반감을 가지게 될 것이고 소비자들에게 외면당한다면 대기업이라도 버틸 수 없었을 것이다. 이럴 경우 폐수처리장치와 같은 것을 직접장비로 경비계산 시 반영해 준다면 을 입장에서 지저분한 변명을 하지 못할 것이다. 물론 폐수처리 때 생기는 모든 슬럿지 같은 폐기물에 대한 처리비도 재료비 계산 시 직접 계산하여 반영해야 한다. 이렇게 부품원가계산은 향후 발생할 수 있는 문제에 대하여 미리 대처해야 한다. 선제적 부품원가계산이다. 선제적 부품원가계산이란 을 입장에서 품질관리를 확실히 할 수 있도록 하기 위한 목적을 지니기도 한다. 이런 저런 핑계거리를 대고 품질관리를 소홀히 한다면, 세상일이란 것이 항상 사소한 것에서 대형사고가 나듯이, 어떤 큰 사고가 날지 아무도 장담할 수 없을 것이다. 선제적 부품원가계산이란 선제적 품질관리인 것이다. 비용이 발생하는 품질관리에 대하여 비용을 인정해 주지 않으면 진정한 품질관리라고 할 수 없다. 언젠가 차를 몰고 가족과 함께 부산에 갔었다. 볼일을 보고 돌아오는 길에 엔진룸에서 연기 비슷한 것이 나는 것이었다. 차를 도로변에 세우고 후드를 열고 확인해보니 엔진과 라디에이터 호스의 연결 부위에서 수증기가 뿜어져 나오는 것이었다. 일요일이라 모든 정비업소가 휴무인 관계로 당황할 수밖에 없었다. 아이들은 다음날 학교에 가야하고 차는 퍼지고 갈 길은 멀고 겨우 인근 대형마트 내에 있는 정비업소가 휴무가 아니라 하여 차를 끌고 밀고 가서 간신히 고쳐 돌아올 수 있었다. 라디에이터 호스와 엔진을 연결해주는 호스클램프에 문제가 있었다. 자세히 관찰해보니 호스클램프에 미세한 균열(crack)이 발생해 있었고 그 사이로 냉각수가 조금씩 흘러나온 것이다. 냉각수가 부족하게 되니 냉각수 온도가 상승되고 압력이 높아져서 수증기 형태로 냉각수가 뿜어져 나온 것이다. 아마도 철판으로 호스클램프를 금형으로 만들 때 금형에서(금형관리 미흡) 작업 시 작은 버어(burr)가 발생한 것이 원인이거나 아연도금 전처리 공정에서 수소에 노출되면 수소취성이 발생하게 되는데 수소취성제거처리를 제대로 하지 않아서 균열이 심하게 된 것으로 보였다. 수소취성제거처리란 수소에 노출된 부품을(황산이나 염산 등으로 세척한 공정을 거친 부품) 일정 온도에서 적당한 시간만큼 굽는 것인데 이 공정을 누락했을 경우 취성이 제거되지 않아서 균열(crack)이나 부러짐 같은 것이 발생할 수 있다. 따라서 아연도금 부품원가계산표준(cost table)을 설정할 때 반드시 수소취성제거처리 비용을 반영해 주어야 한다. 그렇지 않으면 사소한 공정 누락에 의한 대형사고를 막을 수 없다. 금액으로 얼마 되지도 않은 호스클램프가 세상을 시끄럽게 만들 뻔했다. 부품원가계산과 품질관리는 서로 떨어질 수 없는 바늘과 실의 관계보다도 더 밀접한 것이다.

10. 절편적 사고

　사람들이 어떤 문제에 접근하려면 여러 가지를 고려해야 한다. 특히 부품원가계산에 접근하려면 반드시 절편적 사고를 할 수 있어야 한다. 일차함수식에서 $y = ax$ 보다는 $y = a'x + b$라는 식이 절편적 사고의 기본이다. $y = ax$라는 식 다시 말해 y절편이 0인 식에서는 합리적인 부품원가계산이 이루어지기 어렵다. y축을 부품원가계산 값이라고 할 때 x축 값(예로 재료비 등이라 할 때)이 작으면 y값도 한 없이 작아지게 된다. 반면에 x값이 커지면 커질수록 y값도 거침없이 커지게 된다. 그러나 x값이 아무리 작더라도 기본적으로 부품을 만들려면 적당한 값의 고정비가 소요될 것이다. $y = a'x + b$라는 식에서는 x값(재료비 등 변동비적 성격)이 0에 가깝더라도 y값은 b라는 값을 갖게 된다. 이와 같이 절편적 사고라는 것은 부품원가계산 시 x축 값에 따라 y값이 한없이 작아지든지 커지든지 하는 것이 아니라, x값이 아무리 작더라도 b라는 절편값을 고려할 수 있는 사고를 말하는 것이다. 대신에 x값의 증가에 따른 y값의 증가량, 즉 직선의 기울기는 $a > a'$가 되어야 한다. 아주 작은 부품을 제조하는 업체나 제법 큰 부품을 제조하는 업체나 기본적인 사업성에 차별이 있어서는 안 된다. 작든 크든 노력한 만큼의 부가가치를 가질 수 있도록 부품원가계산이 이루어져야 된다. 특히 부품원가계산 표준(cost table) 설정 작업 시 반드시 절편적 사고를 가져야 한다. 단위 면적당이나 단위 중량당 얼마 하는 식으로 부품원가계산 표준(cost table)을 설정할 경우에 가능하면 대물, 중물, 소물로 나누어 설정을 하든지 아니면 품목 특성별로 부품원가계산 표준(cost table)을 설정해야 한다. 아무튼 부품원가계산 관련하여 판단을 할 때면 절편적 사고를 배제하는 일이 없도록 합리적이고 논리적으로 접근해야 한다.

11. 가랑비

　가랑비에 옷 젖는 줄 모른다고 한다. 가늘게 내리는 가랑비에 옷이 서서히 젖어 들 때 이것을 감지하지 못하고 내버려 두면 나중에 걷잡을 수 없을 정도로 낭패를 당하게 되니 조심하라는 의미로 쓰이는 말이다. 부품원가계산은 가랑비보다 더 무서운 것이다. 옷이 젖는 것이 아니라 여러 사람들의 인생이 젖을 수 있다. 부품원가계산을 대수롭지 않게 여겨 대충 생각한다면 젖은 인생으로 살아갈 것이다. 모든 부품원가계산 요소들을 계산할 때 정신을 바짝 차리고 1원 미만의 금액이라도 무시하지 말아야 한다. 사소한 금액이라 하여 그런 것을 무시하면 그것들이 쌓이고 쌓여 결국 망하게 될 것이다. 가랑비에 옷이 젖을 때는 어느 정도 느낌으로라도 감지할 수 있지만 부품원가계산을 할 때 대수롭지 않게 지나쳐버리는 아주 작은 수치들은 감을 잡기도 어려운 것이다. 하나의 부품에 대한 부품원가계산 항목이 30여 가지라 가정할 때 각 항목마다 0.7원씩을 인정받지 못한다고 하면 부품가격을 21원 인정받지 못하는 꼴이 된다. 그런데 이 부품이 연간 소요량이 50만개 정도라면 1년에 1,050만원 5년이면 5,250만원을 손해 보는 것이다. 불행하게도 이렇게 손해를 보는 부품이 20개 정도라면 5년이면 10.5억 원 정도를 눈을 뜨고 날려 보낼 수밖에 없다. 이리 뜯기고 저리 당하다 보면 남는 것은 빈껍데기뿐이다. 빈껍데기만을 가지고 살을 뜯어먹으려고 하는 것은 어리석은 짓이다. 부품원가계산 표준(cost table)은 복불복으로 대하는 것이 아니다. 그 자체도 이미 이리 손보고 저리 칼질 당한 것일 수 있다. 살아남으려면 무조건 부품원가계산 표준(cost table)에서 인정받은 값 이하로 경영을 해야 최소한 밑지지는 않게 된다. 가랑비가 내릴 때 귀찮더라도 우산을 쓰든지 아니면 처마 밑에 몸을 잠시 피해야 옷이 젖지 않는다. 처마 밑에 몸을 피하려면 머리를 조금 숙여야 하듯이 마찬가지로 부품원가계산을 할 때도 무조건 상대방의 따지는 기술을 완벽하게 이해한 후에 따져야만 한다. 따지는 기술이 부족하면 따지고 싶어도 따질 수 없다. 왜냐하면 상대방의 따지는 기술에 대한 내용을 공부하지 않아 무엇을 어떻게 따져야 하는지 모르기 때문이다. 사람들은 소나기는 잘 피한다. 하지만 가랑비는 무시하려고 한다. 별 것 아닌 것으로 여기기 때문이다. 그런데 세상엔 소나기보다 가랑비에 옷 젖어 울고불고 하는 이들이 훨씬 더 많다고 한다. 그까짓 가랑비쯤이야 하고 대수롭지 않게 생각하기 때문일 것이다. 갑의 요구로 어떤 부품에 대하여 원가절감이라는 명목으로 납품단가가 3% 인하된 상태로 납품을 계속하다가 설계변경 등으로 특정 공정이 삭제되었다면 기존에 인정된 해당공정에 대한 비용을 감해야 한다. 그럴 경우에 부품원가계산서에서 기존 인정비용을 삭제하면서 대부분 그 비용 그대로 삭제할 것이다. 하지만 이미 납품단가 일괄 3% 인하로 부품원가계산서의 모든 원가요소는 3% 인하된 것이다. 만약에 삭제된 공정의 모든 비용이 100원이라면 100원을 감하는 것이 아니라 97원만 감해야 한다. 따지지 않고 대충 업무를 처리한다면 100원을 감하게 될 것이다. 이렇게 가랑비는 언제나 내리고 있는 것이다.

12. 승진

　조직원들에게 즐거움이 있다면 승진을 하여 급여가 올라가는 것이다. 그래서 조직원들은 승진을 위한 시험공부를 열심히 하는 것이다. 승진시험 내용을 볼 때 영어, 상식, 업무관련법규 등 다양한 과목의 시험을 치르게 하여 승진대상자를 선정할 것이다. 물론 인사고과도 상당한 비중을 차지할 것이다. 언젠가 부품원가계산 업무와 관련된 조직원들에게 부품원가계산 표준(cost table)과 전산화 내용에 대한 매뉴얼을 가지고 교육을 시키는 입장이 되어 본 적이 있었다. 따지는 것이 그렇잖아도 피곤한 조직원들에게 그런 교육이 호감을 줄 수는 없었다. 그 때 아주 획기적인 방법을 생각해 냈었다. 바로 시험이었다. 부품원가계산 표준(cost table)과 전산화 매뉴얼에 대한 시험을 쳐서 개인별 시험성적을 인사권자에게 보고를 하겠다고 한 것이다. 며칠간의 공부할 시간을 주고 시험을 치른 것이다. 효과는 대만족이었다. 모든 조직원들에게 따지는 습관을 심어주려면 승진시험 때 부품원가계산 실무 과목을 추가하면 될 것이다. 전 조직원이 부품원가계산 철학을 확실히 습득하여 습관화가 된다면 밑지는 장사는 하지 않을 것이다. 조직원 모두가 따질 줄 아는데 쉽게 손해를 볼 수 없을 것이다. 덤으로 조직원 모두가 자신의 비용발생 분을 정확히 알게 되므로 근무 생산성이 좋아질 뿐더러 작업 효율과 불량에 대한 경각심까지 가질 수 있어서 일석삼조의 효과를 볼 것이다. 부품원가계산은 누구나 할 수 있다. 그렇다고 아무에게나 부품원가계산 실무를 맡길 수 없을 것이다. 부품원가계산이 쉽게 보이지만 인간관계의 총집합이므로(돈을 따지므로) 여러 분야의 견문이 필요한 것이다. 따라서 부품원가계산 업무를 할 사람이라면 부품원가 마인드(따지는 습관)를 지니고 여러 업종에 대한 현장 경험을 가진 사람이 좋다. 부품원가계산의 중요성을 인식하지 못한 경영자들 중에 단순 사칙연산 수준이 부품원가계산이라고 믿고 수치만 잘 계산하는 줄로만 알고 있는 경우가 있다. 수치 계산은 수단일 뿐이다. 결국 사업을 해서 돈이 남느냐 남지 않느냐의 문제이다. 제값을 받기 위해 노력을 하여 100원 받을 것을 105원 받으면 경영성과에 더 좋게 작용할 것 아니겠는가? 철판의 특성도 잘 파악하지 못한 사람이 철판 부품에 대한 부품원가계산을 한다는 것은 상대방에게 당할 확률이 매우 높을 것이다. 따라서 같은 값이면 다홍치마가 좋듯이 부품원가계산도 여러 방면에 실전 경험이 있는 사람이 유리하다. 그런 사람이 당장 없다면 조직원 중에서 부품원가계산을 담당할 수 있는 자를 선발해서 다방면의 경험을 쌓게 하여(생산, 품질, 생산기술, 설계, 영업, 구매, 경리 등등)능력을 발휘하도록 맡겨야 한다.

13. 화장지

부품원가계산 표준(cost table) 설정을 하기 위해서는 모집단을 선정하여 결산서 분석을 해야 한다. 제조원가명세서나 손익계산서, 고정자산리스트 등이 대상이다. 결산서를 분석을 하기 위한 기본 자료를 작성하기 위해 계정항목에 대한 배분이 필요하다. 이유는 업체 결산서는 부품원가계산 틀에 맞게 작성되지 않았기 때문이다. 회계기준에 따라 업체에서 편리하게 작성되었을 뿐이다. 하지만 부품원가계산 틀은 모든 업체나 업종에 동일하게 적용하기 위한 것이므로 업체들 결산서를 부품원가계산 틀에 맞춰 분석해야 하는 것이다. 화장지의 예를 들어보자. 어떤 업체에서 1년에 화장지를 100만원어치 구입했는데 업체의 총인원 100명 중 제조부문(생산, 생산기술, 보전, 공구, 생산관리, 품질관리 부문 등등)이 70명이고 일반관리비성 인원(총무, 기획, 경리, 영업, 임원 부문 등등)이 30명이라면 인원으로 각각 배분하여 제조원가명세서에 70만원이, 그리고 손익계산서에 30만원으로 반영되면 합리적이라 할 수 있다. 화장지는 사람이 사용하는 것이므로 인원으로 배분하면 논리적인 배분이 된다. 이와 같이 모든 계정항목에 대한 배분 기준을 정하여 그 기준에 맞게 결산서를 분석하면 부품원가계산용 자료를 합리적으로 얻을 수 있으며 그 자료를 참고하여 부품원가계산 표준(cost table)을 설정한다면 나름대로 만족할 만한 결과라고 할 수 있다. 근거 없이 엉터리로 기준을 정하려고 한다면 불만이 있는 쪽에서 역시 근거 없는 자료라고 무시하게 되고 그러면 상호 객관적이고 논리적인 협상 기준이 없으므로 서로가 늘 불안 속에서 살게 될 것이다. 대기업들 매출액 기준으로 대략 70% 정도는 부품업체에서 구입하는 물건 값일 것이다. 100조원의 연간 매출을 올리는 대기업이라면 70조원이 부품 값이라는 것이다. 이런 현실에서 대기업들은 70조원의 1%만 절감해도 7천억 원이 절감되는 것이다. 2% 절감하면 1조 4천억 원을 절감하게 된다. 이러다보니 부품 값 인하의 유혹에서 벗어나기가 어려운 것이다. 근거가 빈약한 기준으로 부품원가계산을 하고 그것을 기본으로 부품가격결정을 한 이상 부품업체에 대한 단가인하 유혹은 늘 상존하게 될 것이다. 하지만 근거 있는 기준에 의한 부품원가계산을 하고 그것으로 부품가격결정을 했다면 부품업체에 대한 단가인하 유혹은 줄어들 것이다. 왜냐하면 갑 입장에서도 쥐를 쫓을 때 쥐구멍을 보고 쫓으라는 말이 생각나기 때문이다. 고양이가 무작정 쥐를 쫓다가는 막다른 골목에서 너 죽고 나 죽자 식으로 고양이에게 대드는 쥐를 만나게 된다면 상당히 난처할 것이다. 죽는 마당에 쥐의 입장에서 못할 짓이 없을 것이다. 부품원가계산 표준(cost table)에서 부품가격을 적정 영업이익률이 되도록 보장해 주었지만 단가인하로 일괄적으로 몇 %를 인하한다면 부품업체에게 부역을 하라는 꼴이 되어 언젠가는 불만이 폭발하게 될 것이다. 그러므로 부품원가계산의 모든 원가 요소들은 객관적이고 논리적인 근거가 반드시 있어야 한다. 그 근거를 찾기 위한 것이 결산서 분석이며 배분의 기준을 정하는 것은 합리적이고 논리적인 무기를 만드는 과정인 것이다. 조금 복잡하고 귀찮다고 하여 대충 지나치면 그 후유증은 말로 표현할 수 없을 정도로 냉혹할 수 있다.

14. 인상파

일하기 싫은 날이 있었다. 부품원가계산은 정신노동이므로 정신적으로 좀 여유를 갖고 싶은 날이 일하기 싫은 날이었다. 부품가격결정품의서를 1차적으로 검토하는 업무를 할 때였다. 업체별 담당자들이 나름대로 열심히 정성껏 품의서를 작성해서 확인을 받아야 했다. 복잡하고 큰 부품들인 경우 품의서 내용만 책 두께 정도의 파일이 몇 개씩 되기도 했다. 일하기 싫은 날은 아침에 출근하여 근무시간이 되면 인상파가 되었다. 온갖 인상을 다 쓰고 있으면 눈치 빠른 담당자들은 품의서를 검토하라고 가지고 오지 않았다. 그래서 좀 쉬는 것이었다. 그런 요령을 부리면서 느낀 것이 있었다. 자신의 명예와 실력을 걸고 며칠씩 부품업체와 밀고 당기면서 협상을 하여 작성한 자료에 대한 자신감이 부족한 담당자들이 많다는 것이었다. 그렇게 자신감이 없는 자료라면 나중에 반드시 탈이 날 수 있다는 생각을 해야 할 것이다. 물론 부품원가계산 표준 (cost table) 설정작업을 한 사람이므로 지레 겁을 먹었을 수도 있겠다. 왜냐하면 괜히 품의서 작성에 오류가 있다고 지적을 받으면 그 많은 자료를 전부 다시 작성해야 하는 부담을 갖게 되지만 그래도 부품원가계산은 그런 것이 아니다. 완벽하지 않으면 안 되는 것이 부품원가계산 자료인 것이다. 아주 오래도록 자신을 괴롭힐 자료인 것이다. 의외로 부품원가계산에 대한 완벽한 이해를 하지 않고 실전에 뛰어든 사람들이 많이 보였다. 그런 사람들은 업무 속도도 뒤떨어지며 자료의 신뢰성도 떨어지는 것을 알 수 있었다. 자신이 하는 업무에 대한 정확하고 완벽한 이해만 있다면 무엇이 두렵단 말인가? 자신의 예리한 판단력에 의해 자금이 집행되고 회사의 이익이 남게 된다는 사명감과 성취감을 상당히 많이 느낄 수 있는 업무가 부품원가계산 업무이다. 그러려면 부품원가계산 업무에 대한 기본 실력을 평소에 쌓아야 한다.

15. 경영 컨설팅

부품업체들이 장사가 잘 되지 않을 때 경영 컨설팅을 외부에 의뢰하기도 한다. 장사가 잘 되지 않는 이유와 앞으로의 전략 등을 찾기 위함일 것이다. 제법 비싼 돈을 주고 컨설팅을 의뢰한다. 경영 컨설팅 의뢰를 받은 사람들은 무조건 답을 찾아서 결론을 내야 한다. 이것은 저렇게 하고 그것은 이렇게 하라고 나름대로의 대책을 제시하고 돈값을 마무리할 것이다. 하지만 여기서 외부에 경영 컨설팅을 의뢰하기 전에 반드시 해야 할 일이 있다. 바로 자신의 회사에서 현재 취급하고 있는 부품들에 대한 납품단가 분석 작업이다. 전 품목을 현재 시점에서 부품원가계산을 다시 해 봄으로써 현재 납품단가와의 괴리를 찾아야 하는 것이다. 부품가격결정 시점이 너무 오래된 부품이거나, 불량률이 너무 높다거나, 초기 예상 생산수량보다 현저히 적은 생산량으로 인한 것이거나, 원부자재 값이 많이 올랐거나 하는 등의 원인으로 납품가격이 현실과 동떨어진 경우 그 어떤 경영 컨설팅 대책을 수립한다고 해도 회사가 남지 않을 것은 불을 보듯 뻔하다. 바로 납품가격 현실화가 이루어지지 않으면 백약이 무효인 것이다. 그런데 갑 입장에서 쉽게 납품가격을 인상해 줄 리가 없다. 그렇다고 포기할 수도 없는 입장이므로 갑에게 논리적이고 객관적인 자료를 근거로 하여 납품가격 인상요청을 해야 한다. 하늘에서 별 따기보다 어려운 납품가격 인상이지만 사업을 계속 하려면 반드시 관철시켜야 한다. 인상이 불가능할 경우 아이템 반납이라도 하여 부역을 하는 입장을 덜어야 한다. 이런 일련의 작업을 하려면 부품원가계산을 완벽하게 할 수 있는 사람이 필요하다. 평소에 부품원가계산의 중요성을 인식하고 철저하게 관리를 하면서 따지는 경영을 한 업체라면 큰 수고를 들이지 않고도 할 수 있는 일이지만 그렇지 못한 경우 상당한 애로가 있을 것이다. 경영 컨설팅을 하는 이들에게 협조를 구할 수도 있으나 그들 역시 부품원가계산 전문가라고 믿기엔 왠지 불안할 것이다. 납품가격은 한 번 결정해 놓으면 변동시키기가 매우 어렵다. 그렇다고 적자가 계속 되는데 납품가격을 그대로 둘 수 없을 것이다. 따져서 인상시켜야만 한다면 그것이 정답이다. 따지는 기술, 즉 부품원가계산이 아무리 강조해도 지나치지 않은 이유는 바로 경영성과와 직결되기 때문이다.

16. 불안한 사람

갑 입장에서 구매를 할 경우 을 입장의 사람과 반드시 협상을 하게 된다. 갑 입장 구매담당자는 을 입장 담당자가 완벽한 논리와 객관적인 자료 등을 근거로 견적서를 작성하여 협상에 임한다면 겉으로는 긴장을 하면서도 속으로는 마음이 편하다. 거꾸로 을 입장 협상 담당자가 논리적이지도 않고 더군다나 객관적인 자료도 충분히 확보하지 못했으면서 무조건 가격만 높게 책정하려고 할 경우 갑 입장 구매담당자는 마음이 불안해진다. 그 불안한 마음을 조금이라도 잠재울 수 있는 방법은 가격을 후려치는 것이다. 어차피 거품으로 작성된 견적서라고 믿고 그런 행동을 하게 된다. 갑 입장 구매담당자도 샐러리맨에 불과하다. 그러므로 나중에 탈이 나지 않도록 하기 위해서라도 불합리적일(을 입장 담당자가 합리적인 사람이 아니라고 판단이 섰을 때 그가 작성한 견적서 역시 합리적이지 못할 것이라고 믿게 됨) 것이라고 믿는 견적서 상의 금액을 후려치려는 경향이 있는 것이다. 을 입장 네고 담당자는 상대방을 편안하게 할 사람인지 아니면 불안하게 할 사람인지 여부를 따져서 업무를 분담시키는 것이 좋다.(실력이 있는 사람을 배치하면 좋다는 뜻) 상대방에게 편안함을 줄 수 있는 사람이라면 갑 입장 구매담당자는 불안하지 않은 상태로 해당 업무를 차분하게 처리하게 되므로 떡고물 하나라도 더 챙겨주고 싶은 마음이 생길 것이다. 그것이 인지상정이다. 모든 일은 사람이 하는 것이다. 사람이 하는 일에는 항상 정이라는 것이 따라 붙는다. 바로 인간관계의 종합이 납품가격 협상, 네고인 것이다. 상대방을 불안하게 하는 사람은 매사에 손해를 볼 것이다. 그것을 없애는 방법은 맡은 업무에 대한 지식을 열심히 습득하는 것이다. 어영부영 이루어지지 않는 것이 부품원가계산 업무이다. 을 입장에서도 갑의 구매담당자가 불안한 사람이라면 좋을 것이 하나도 없다. 챙겨줄 것을 누락할 수도 있기 때문이다.

17. 나무와 숲

때로는 선의로 한 행동이었는데 악의적인 결과를 초래하는 경우도 있는 것이 세상이다. 오래 전 환란이 일어났을 때 일이다. 그가 속한 조직에 대한 개선대책을 경영자가 관리자들에게 물었었다. 무기명이지만 좌석배치도 등으로 사실상 실명에 가깝게 의견을 물은 것이다. 그 해 겨울 연초였다. 수만 명의 조직원 중에서 30% 이상 구조조정(외부 컨설팅 보고서에 따르면) 해야 그나마 조직이 버틸 수 있다는 분위기가 팽배해 있었다. 그가 작성 제출한 개선책은 이러했다.

'정리해고, 명예퇴직 등의 용어가 등장하고 있으나, 그런 방법보다는 퇴직을 원하는 조직원들을 먼저 받아줘야 한다. 그것을 할 수 있는 방법이 희망퇴직(아마도 최초로 희망퇴직이라는 단어가 사용되었을 것임)이다. 조직원 평균 연봉의 절반 정도인 2,000만원 수준이라면(6개월 치 연봉) 1만 명 희망퇴직 시 2,000억 원이 소요될 것이다. 그 정도로 희망퇴직을 실시한다면 조직에 큰 보탬이 된다고 본다. 다만 희망퇴직이라는 것은 100% 완벽하게 적용해야 한다. 골라서 누구는 되고 누구는 안 되고 하면 절대로 안 된다. 퇴직을 희망하는 자라면 그가 누구든지 간에, 주어진 기간 내에 목표 인원을 채울 때까지는 받아주어야 한다. 다시 말하면 희망퇴직 목표 인원에 도달할 때까지는 아무리 중요한 업무를 하는 자라도 예외가 있어서는 안 된다. 그렇지 않으면(선별한다면) 그것은 희망퇴직이 아니라 정리해고에 가까운 것이다. 그러면 노사분규는 일어나게 된다.'

  당시 단군 이래 처음으로 환란을 겪게 되었으므로 그 이전까지는 자연 퇴직자들이 많이 있었다. 자신의 성향과 조직문화가 맞지 않으면 조직을 과감히 떠나는 분위기였다. 그런 분위기의 연장 속에 6개월 치 연봉 정도를 제시하여 조직의 슬림화를 꾀하자는 논리였다. 그러면서 우여곡절 끝에 희망퇴직이라는 제도가 자리를 잡게 되었다. 그가 안타까운 것은 희망퇴직 제도가 좋은 뜻으로 세상에 존재해야 함에도 불구하고 악용되고 있는 현실이다. 이제는 심심하면 희망퇴직이라는 이름으로 정리해고를 하려고 한다. 그런 현실을 볼 때 괜히 그는 안타까울 뿐이다. 그것이 가능하다면 그는 희망퇴직이라는 말을 만들어서 초기에 특허청에 특허를 등록하려는 생각도 했었다. 이유는 함부로 악용하지 못하게 하려고 그랬다. 부품원가계산을 전문으로 했던 사람들은 나무만 볼 줄 알고 숲을 보기 어려울 것 같지만 위의 예와 같이 부품원가계산 업무 경험자들은 조직 전체 판을 볼 수 있는 감각을 가지고 있다. 다시 말해 숲도 볼 줄 안다는 것이다. 나무와 숲을 번갈아 가며 볼 수 있는 사람이라면 부품원가계산 업무 체질이라고 할 수 있다. 나무만 볼 줄 알아서도 숲만 볼 줄 알아서도 안 된다. 사업 전체 판을 볼 수 있어야 판을 깨지 않게 된다.

18. 사람들이 하는 일

　부품원가계산이 아무리 완벽하다고 해도 수학문제처럼 정답이 하나인 것은 아니다. 그냥 정답에 가까울 것이라고 믿어야 하는 것에 불과한 것이다. 왜냐하면 사회과학은 정답이 없기 때문이다. 정답이 없다는 것은 정답이 너무 많다는 것과 통할 수 있는 말이다. 이런 저런 방법으로 정답이 여러 개일 수 있는 문제를 풀려는 노력이 부품원가계산인 것이다. 절대적인 것도 아니고 하늘에서 떨어진 것은 더욱 아니다. 부품원가계산이란 사람들이 살아가면서 발생되는 문제를 가능하면 쉽게 객관적으로 풀어보려는 노력에 불과할 뿐이라고 지적해도 그다지 틀리지 않을 것이다. 인구가 13억 명인 중국도 헌법이 하나이다. 국민 모두가 만족할 헌법을 만들려면 중국인 경우는 13억 개의 헌법이 필요할 것이고 우리나라는 5,000만 개의 헌법이 필요하다고 본다. 하지만 헌법은 어느 나라가 됐든 하나밖에 없다. 국민 모두가 서로 조금씩 양보하여 하나의 헌법 아래 하나의 국가를 만들어서 살아가는 것이 사람들이 사는 세상이다. 사람들이 하는 일이라는 것은 서로 소통하면서 서로 가려운 곳을 긁어 주어야 한다. 갑이 가려운 곳도 있을 수 있고 을이 가려운 곳도 있을 수 있다. 하지만 갑이 가려울 때는 긁어줄 을이 많이 있지만 을이 가려울 때는 갑 하나밖에 없을 수 있다. 이것을 갑이 이해해야 한다. 투명사회가 되면서 이제는 갑과 을이 공생하지 않으면 공멸할 수 있게 되었다. 말로만 상호 협력이 아니라 실질적인 협력 체계가 되어야 한다. 그렇다 하더라도 갑은 갑이요, 을은 을이다. 둘 사이를 연결해 주는 것은 오로지 부품원가계산 표준(cost table)을 설정하여 서로 지키려고 노력해야 한다. 바로 모든 나라의 헌법이 하나이듯이 거래 관계에서 그 헌법 역할을 할 수 있는 것이 부품원가계산 표준(cost table)일 것이다.

19. 시어머니

심한 시어머니 밑에서 혹독한 시집살이를 한 며느리가 나중에 더 못된 시어머니가 된다고 했다. 부품업체들인 경우 납품을 할 때는 대부분 을 입장이지만 2차 부품업체들에게서 납품을 받을 때는 갑 입장이 된다. 부품업체의 경우 1차, 2차, 3차와 같이 분류되기도 한다. 1차 부품업체는 완성품을 만드는 대기업을 갑으로 상대하면서 2차, 3차 부품업체로부터는 갑 입장이 된다. 갑에게서 무시무시한 시달림을 당했던 1차 부품업체들이 자신들이 갑 노릇을 할 수 있는 2차 부품업체들에게 그 이상의 혹독한 시련을 주는 경우도 있을 것이다. 속말이 틀리지 않다는 것을 반증하는 것이다. 갑이 우월적 지위를 이용하여 권한을 남용한다면 나라에서 문제를 삼게 된다. 공정거래 관련법이 그래서 존재하는 것이다. 차수가 내려갈수록 후려치는 강도가 세질 것이다. 그런 문제를 개선하려면 결국 사람이 필요할 것이다. 영세 업체인 경우 고급인력을 확보하는데 어려움이 있으므로 따지는 기술, 부품원가계산 업무를 원활하게 처리할 인력이 없기 때문에 갑이 횡포를 부려도 당하는 경우가 비일비재한 것이다. 물론 생사여탈권을 가진 갑이 시키는 대로 할 수밖에 없는 을 입장이지만, 이제는 상호 기준점을 만들어서 그것을 바탕으로 업무처리를 해야 할 것이다. 요즘은 품질은 돈이라는 상식이 통하는 시대가 되었다. 단가인하만이 최고의 선으로 대접 받는다면 품질은 싸구려 수준을 벗어나기 어렵다. 모든 부품의 품질은 중요하다. 품질관리엔 사소한 품질문제이라는 것이 존재해서는 안 된다. 따라서 단가인하 칼을 함부로 휘두른다면 그것이 부메랑이 되어 품질문제로 갑을 괴롭힐 것이고 결국엔 서로가 돌이킬 수 없을 정도의 피해를 보게 된다. 빈대 잡으려다 초가삼간 다 태우는 꼴이 된다는 것이다. 단가인하를 하더라도 논리적 배경이 있어야 한다. 막무가내로 단가인하를 하면 칼만 안 든 강도나 다름이 없다. 밥 한 공기에 밥알이 3,650개 정도(평균 3,000~4,000 밥알 정도)라고 가정할 때 매 끼니마다 밥알 하나를 줄여서 먹는다고 하면 1년 후면 30% 정도 밥의 양을 줄일 수 있다. 따라서 3.33년이면 밥을 하나도 먹지 않게 된다는 계산이 된다. 물론 이론상으로 가능하고 실질적으로도 가능한 가정이다. 끼니마다 밥알 하나 정도 줄여 먹는다고 사람이 어떻게 되지 않기 때문이다. 하지만 밥알 하나 정도 줄이는 대신에 사람이 살기 위해서는(반드시 필요한 열량을 보충하

기 위해) 다른 것을 먹을 수밖에 없다. 국수, 빵, 과자, 고기, 채소 등
등 쌀을 줄인 만큼 다른 음식으로 보충을 할 것이다. 살기 위해 섭
취하는 다른 음식을 무시하고 밥알 하나 줄여 먹기 운동을 한다고
하면 결국엔 밥을 하나도 먹지 않게 되어 죽고 말 것이다. 부품에
대한 원가절감 운동을 밥알 하나 줄여 먹기 운동처럼 해서는 곤란
하다. 살기 위해서 밥알을 줄인 만큼의 다른 음식을 먹을 수밖에
없는 것이 을 입장인 것이다. 그렇게라도 하지 않으면 을은 굶어죽
게 된다는 사실을 못된 시어머니들은 알아야 한다.

20. 원칙의 문제

　인간으로서 절대로 양보할 수 없는 것이 있다면 원칙의 문제이다. 자신을 존재하게 하는 원칙의 문제가 훼손된다면 그 사람은 죽은 사람이나 다름이 없을 것이다. 그래서 사람들은 원칙의 문제에 대하여 양보를 하지 않으려고 한다. 인간으로서 자신의 정체성을 부정한다면 존재의 필요성마저 부정하는 꼴이 된다. 부품원가계산에 원칙의 문제가 있다면 있는 현실 그대로 계산하는 것이다. 어떤 암수를 쓰면서 현실을 왜곡한다면 나중에 낭패를 당하게 된다. 눈으로 보고 듣고 만지고 따진 내용 그대로 계산을 해 놓아야 무엇이 얼마나 잘못되었는지, 어느 부문이 얼마만큼 잘못된 것인 줄 알 수 있으므로 나중에 대책수립이 가능할 것이다. 그렇지 않고 관련 근거도 없이 아무렇게나 작성된 부품원가계산서인 경우 순간은 모면할 수 있지만 두고두고 조직에 누를 끼치게 된다. 잘못 작성된 부품원가계산서 하나 때문에 전체 조직이 무시당하거나 의심을 받을 수도 있다. 원칙의 문제는 개인의 문제에 앞서 조직의 문제인 것이다. 원칙의 문제를 소홀히 하지 않는 사람이라면 부품원가계산 마인드가 있다고 할 수 있다. 원칙의 문제와 유연한 사고는 다른 것이다. 유연한 사고는 어떤 현실적인 문제점에 대하여 접근할 수 있는 방법이 여러 가지가 있을 수 있다는 것이다. 그런데 원칙의 문제를 강조하다보면 사고의 경직성을 가지는 것으로 착각할 수도 있다. 사고의 경직성이란 말 그대로 똥고집을 부리는 것이다. 조직에서 가장 경계해야 할 것이 바로 조직원들의 사고의 경직성이다. 하나의 방법만 고집하는 조직원들만 있다면 그 조직은 더 이상 발전할 수 없을뿐더러 무한경쟁에서 낙오자가 될 것이다. 기계적인 사고만 하는 조직원들에게 일을 시키려면 조직원 숫자만큼의 관리자들이 필요할 것이고, 그러면 경쟁자에 비해 관리비가 많이 들게 되어 결국 뒤쳐지게 된다. 원칙의 문제를 훼손하지 않고 부품원가계산을 했을 때 다른 경쟁자에 비해 가격경쟁력이 없다면 경영자는 심각하게 사업의 계속성 여부를 고려해야 한다. 자신이 속해 있는 조직의 실력이 그 정도라는 것을 인정하고 사업을 접든지 아니면 피나는 노력을 하여 경쟁자를 이길 수 있는 방법을 찾든지 오로지 경영자가 외롭게 판단해야 한다. 경영자가 오판하게 하지 않도록 하기 위해서라도 부품원가계산의 원칙의 문제는 냉정하게 지켜져야 한다. 언젠가 어떤 회사에서 설날 선물로 쌀을 주겠다고 조직원들에게 약속을 했다. 그러던 중 노조에서 단체협상을 하면서 시간 끌기 비슷하게 협상을 하려고 하자 사측에서 조직원들에게 주겠다고 한 설날 선물인 쌀에 대하여 모월모시까지 협상이 완료되지 않으면 줄 수 없다고 했다. 역시 그에게 한마디 거들 수 있는 기회가 있었다. '그것은 원칙이 아니다. 주기로 약속을 했으면 무조건 주어야 하는 것이 원칙이다. 개인 간의 약속도 지키는 것이 원칙인데 하물며 거대 조직에서 조직원인 상대방이 좀 거북하게 했다고 함께 약속을 깬다고 하면 회사는 앞으로 노조와 상대할 때 원칙이 사라지게 되어 늘 노사분규 속에서 헤맬 것이다. 상대방이 약속을 지키지 않더라도 회사는 끝까지 약속은 지킨다는 원칙을 세워야 모든 협상에서 유리한 결말을 이끌 수 있을 것이다.' 결국 회사는 설날 선물인 쌀을 지급하였다. 왜냐하면 원칙의 문제가 훼손된 회사라면 이미 조직원들에게 원칙이 아닌 변칙이나 반칙을 쓸 수도 있는 회사라고 자인하는 꼴이 되므로 그렇게 하지 않은 것이다. 쌀을 1인당 5만원 어치라고 가정할 때 수만 명의 조직원들을 고려한다면 수십억 원에 대한 미련도 가질 수 있지만 겨우 수십억 원에 회사의 원칙의 문제를 저버릴 수는 없다. 이와 같이 원칙의 문제는 정말로 중요한 것이다.

21. 믿을 걸 믿어야지

부품원가계산을 하면서 명심해야 할 것이 있다면 '믿을 걸 믿어야지'라는 말이다. 이 말은 본인이 직접 계산하고 작성한 자료라 할지라도 혹시 실수가 있을 수 있는 것이 세상이치라는 것을 강조하기 위한 것이다. 하물며 타인이 계산하고 작성한 자료를 액면 그대로 믿는다는 것은 있을 수 없는 일이다. 타인의 자료를 액면 그대로 믿으려면 그 사람에게 자신의 업무를 맡기고 자신은 물러나 낚시나 즐기는 생활을 하면 될 것이다. 그럴 수 없는 현실이라면 모든 계산은 자신이 직접 하고 그 결과 역시 스스로 작성해야 한다. 주어진 업무량이 많다는 이유만으로 타인에게 계산기를 두드리게 하고 자료를 작성하게 한다면 언젠가는 회복할 수 없는 참담한 결과를 맛보게 될 것이다. 컴퓨터로 부품원가계산서를 작성하는 것을 타인에게 맡겼을 때 이런 경우가 있었던 기억이 있다. 기초 자료에 철판 두께를 입력해야 하는 곳에 규격이 1.2인데 1.24를 입력하여 중량 계산이 과다하게 되어 재료비가 높게 산정될 수 있게 한 의도적인 행동인 경우였다. 겉으로 보기에는 완벽한 입력(1.24를 입력했지만 1.2로 나타나게 자릿수 조정)으로 보였으므로 무관심한 사람이라면 그냥 지나칠 수 있었을 것이다. 실제로 부품원가계산 자료입력을 거래업체에 협조를 한 경우가 있었다. 과중하고 긴박한 업무 때문이었다. 디스켓으로 전달 받은 자료입력 분에 대하여 소수점 관리와 끝자리 처리 등을 확인해보니 아니나 다를까 예상했던 대로 일부 거래업체의 자료입력 분에서 관심이 없다면 쉽게 눈치 채지 못할 행동을 발견할 수 있었다. 물론 그것을 입력한 사람에게 아무 일도 없었던 것처럼 대했다. 아마도 컴퓨터가 처리하면서 자동으로 필터링이 된 것으로 이해했을 것이다. 아무 일도 없었던 것처럼 대했던 이유는 그 동안 거래하면서 쌓아온 신뢰관계를 무너뜨리지 않으려고 그랬다. '믿을 걸 믿어야지'라는 말을 자꾸 강조하는 이유는 부품원가계산이 외로운 작업이라는 것을 강조하기 위함이지 업무에 종사하는 사람들이 모두 투명하지 않다는 것이 아니다. 부품원가계산을 경험한 사람들은 오히려 그렇지 못한 사람들에 비하여 매우 투명하고 긍정적이다. 그것은 쓸데없는 헛수고를 싫어하기 때문이다.

22. 현장

현장에 대한 충분한 이해 없이는 부품원가계산을 완벽하게 하기가 어렵다. 부품에 대한 제조공정의 완벽한 이해를 한다면 보다 쉽게 부품원가계산을 할 수 있다는 말이다. 따라서 부품원가계산 담당자들은 그 누구보다도 현장에 대한 지식을 갖추려고 부단히 노력해야 한다. 현장에 대한 지식은 저절로 얻어지는 것이 아니다. 스스로 현장을 알고자 하는 노력을 하지 않으면 얻을 수 없는 것이 현장인 것이다. 만져 보는 습관만이 현장이 무엇인가를 이해하게 만들어 준다. 관심 없이 몇 년을 돌아보아도 장비, 사람, 소음, 냄새, 반제품과 재료 등 이런 것들만 눈에 보이거나 들릴 것이다. 막상 부품원가계산에 필요한 원가요소에 대한 양이나 질, 시간 등을 체크하는 것은 엄두도 낼 수 없는 경우가 대부분이다. 주어진 짧은 시간 안에서 원가요소에 대한 정보를 얻는다는 것이 쉬운 일은 아니지만 그렇다고 불가능한 일은 더더욱 아니라는 사실이다. 부품원가 계산 업무를 하려면 아무리 짧은 시간이라도 현장을 한번 둘러보는 것으로 만족한 정보를 얻을 수 있어야 한다. 해방 전에 일본인 들이 순경을 채용할 때 어떤 상황 장면을 짧게 보여주고는 자신들이 본 것을 써 내라는 문제가 많았다고 한다. 그래서 보여준 상황을 가능하면 누락 없이 세밀하게 써 낸 이를 뽑았다는 것이다. 어떤 사무실 근무 장면을 보여주고는 남녀 인원 숫자, 여성 같으면 치마를 입었는지 바지를 입었는지, 파마머리인지 생머리를 묶은 것인지, 남성이 담배를 피우고 있었는지 아닌지 등등에 대해서 단답형으로 질문을 해서 비교적 많이 기억하고 자세하게 써 낸 이가 합격이 된다는 것이었다. 타고난 관찰력에 따라 약간의 차이가 있을 수 있지만 합격과 불합격의 차이는 관심과 무관심의 차이일 것이다. 그런 문제가 있다는 것을 알고 있는 사람이라면 평상 시 관찰력 향상 훈련을 스스로 하여 눈으로 본 것은 절대로 놓치지 않으려는 능력을 키웠다면 누구나 합격이 될 수 있었을 것이다. 관심 없이 아무리 눈에 익히고 귀로 듣는다고 해도 관심을 기울이고 한번 둘러 보는 것을 따라 잡을 수 없다. 어디 부품원가계산 뿐이랴. 사람들이 하는 일 모든 것이 그럴 것이다. 마음이 떠나면 그만 아니겠는가? 그렇다고 무한정 부품원가계산을 하기 위해 흐르는 시간을 무시할 수는 없는 것이다. 주어진 시간에 업무를 깔끔하게 처리해야 할 사명을 지녔기 때문에 현장을 관찰하는 능력을 꾸준히 키워야 하겠다. 현장이라는 것은 제조업만 사용하는 용어가 아니다. 농사를 짓든, 빵집을 운영하든, 축산업을 하든, 물고기를 잡든 모두가 작업현장이 있다. 그 작업현장을 머리에 집어넣고 이해를 한다면 현장 개선안도 찾게 되고 쓸데없는 비용 발생 분도 제거할 수 있는 아이디어가 저절로 떠오르게 될 것이다. 부품원가계산을 자주 접하게 되면 어떤 현장에 대한 입구부터 출구까지가 쉽게 그려지게된다. 그러면 업무의 절반이상을 해치운 것이나 다름이 없다. 아무튼 현장을 이해할 수 없는 사람은 부품원가계산을 하지 말아야 한다. 현장의 이해부터 한 다음에 부품원가계산을 해도 늦지 않다.

23. 말귀를 알아들어야

　다른 사람과 대화를 나눌 때 말귀를 알아들어야 인간관계가 성립된다. 말귀라는 것이 반드시 목소리 형태로만 전달되는 것은 아니다. 눈짓이나 손짓, 발짓, 몸짓 등으로 상대방에게 자신의 의사를 전하는 것이다. 경륜이 있는 사람들은 마음과 마음으로 서로의 말귀를 알아들을 수도 있겠다. 상대방이 하는 말귀를 알아듣지 못한다면 그 대화는 세상에 존재할 수 없는 것이 된다. 말귀를 알아들어야 긍정할 것인지 부정할 것인지 결정을 할 것인데 상대방이 전하는 말귀를 알아들을 수 없으니 매우 답답할 것이다. 그렇다고 수캐가 앉으면 가운데에 개고추가 보이느냐고 까놓고 물어볼 수도 없는 것이 세상일이다. 상대방이 '야'라고 하면 '어'까진 아니더라도 '아'라고 하는 것만이라도 알아들어야 거래가 성립하게 된다는 것이다. 부품원가계산에 대하여 이야기를 나눌 때 종종 상대방이 이야기하고자 하는 내용을 잘 알아 듣지 못하는 사람들이 많이 있다. 부품원가계산을 완전히 이해한 사람이라면 상대방의 말귀를 쉽게 이해하겠지만 경험이 부족한 사람은 상대방이 도대체 무슨 말을 하는지 이해할 수 없을 것이다. 직장생활을 하면서 많은 상사들을 만나게 된다. 그 많은 상사들 중에서 같은 부서에서 근무를 하다가 진급한 상사라면 업무에 대한 이해력이 높아 의사소통이 쉽게 이루어지지만 다른 부서에서 전출 온 상사라면 서로 말귀를 알아듣지 못하는 경우가 많다. 특히 부품원가계산 업무는 경험이 없는 상사는 부하직원 얼굴만 믿고 사인을 할 수도 있다. 부품원가계산은 적어도 최고 경영자의 꿈을 가진 이라면 반드시 이해해야 하는 분야인 것이다. 그렇지 않으면 도대체 무슨 말을 하는지 말귀를 알아듣지 못하므로 부하직원들과 소통을 잘 할 수 없어 경영을 할 수 없다. 상사는 됐는데 부하직원들이 올리는 서류에 그냥 눈으로 봤다는 사인만 한다면 자존심이 서겠는가? 말귀를 잘 알아듣지 못하는 상사인 경우에 때로는 직급으로 부하직원들을 누르려고 하지만 실력이 부족한 상사는 역으로 부하직원들이 괴롭히기도 한다. 아무튼 업무를 떠나 상대방 말귀를 잘 알아들으려면 부품원가계산을 이해하는 방법이 가장 좋을 것이다. 부품원가계산은 사람들의 살아가는 모든 것들을 품고 있기 때문이다. 사람들이 좋아하는 돈을 계산하는 분야인데 마다할 이유가 없겠다.

24. 근거

　부품원가계산은 근거에 의한 근거를 만들기 위한 업무라고 말할 수 있다. 모든 자료들이 어디에 근거를 둔 것인지를 따져야 객관적인 또 하나의 근거가 만들어 진다. 부품원가계산을 하면서 자신이 만들어 가는 모든 자료는 다른 사람들에게 아주 요긴하게 쓰이는 근거로서의 역할을 하게 된다. 따라서 자신이 만들어 가는 근거서류는 그것을 근거로 사용할 다른 이을 위하여 가능하면 논리적으로 완벽한 바탕 위에 객관적으로 만들어야 한다. 근거를 다룰 때 주의할 점이 있다. 자신이 활용하고자 하는 근거가 객관적으로 증명할 수 있는 것이냐의 문제이다. 공문서 사문서를 포함하여 모든 근거자료를 액면 그대로 받아들일 수 있겠는가? 수입면장을 예로 들어보자. 외국에서 수입한 재료나 부품에게는 관세청에서 수입면장을 만들어 준다. 일정한 형식을 갖춘 공문서인 수입면장이지만 지폐를 위조하는 것보다 식은 죽 먹기로 수입면장을 위조할 수 있는 세상이다. 수입단가를 고쳐서 수입면장 복사본을 제출할 수 있고, 수입하지도 않은 재료를 수입한 것처럼 위조 수입면장을 만들어 제출할 수도 있다. 그럴 경우에 일일이 관세청을 방문하여 해당 수입면장이 참인지 거짓인지 따져보기도 어려운 입장이다. 다행스럽게도 관세청 홈페이지 등에서 해당 수입면장의 진위 여부를 확인할 수 있는 시스템이 만들어져 있다면 모르겠으나 그렇지 못하다면 수입면장 복사본이나 원본에 대해 의심을 갖지 않을 수 없다. 근거의 중요성은 객관적으로 아무나 그것이 진품이라고 믿을 수 있느냐 아니면 가짜일 수도 있느냐의 문제이다. 사람들이 거래를 하면서 상대방을 안심시킬 수 있는 시스템적인 지원 프로그램이 빨리 보완되었으면 한다. 전산화된 데이터가 있다면 그것을 제대로 활용해야 데이터를 구축한 보람이 있는데 단순히 타이핑 작업만 편리하게 만든 데이터라면 굳이 전산화를 할 필요가 없다고 본다. 아무튼 근거가 근거로서 역할을 제대로 하려면 누가 봐도 틀림이 없다는 것을 쉽게 확인할 수 있어야만 한다. 그렇지 않으면 진위 여부만 가리려다가 세월만 간다. 자신이 만든 근거를 타인이 다룰 때 헷갈리지 않게 해야 욕을 먹지 않는다. 해야 할 일은 많은데 근거의 진위 여부를 가리는 일에 시간을 빼앗기게 되면 누구나 그 근거를 만든 이에게 욕을 하게 된다.제대로 좀 해놓지 않고.

25. 지식의 습득

전쟁이 없음에도 불구하고 군사훈련은 계속된다. 경제적인 관점에서만 바라보면 조금은 어리석은 행동처럼 보일 수 있으나, 비싼 비용을 들여서 군사훈련을 하고 적정 군대를 유지하는 것은 만에 하나 있을 지도 모를 비상사태에 대비하기 위한 것이다. 사람들이 어려서부터 공부를 하는 것 역시 만에 하나 있을 지도 모를 사기꾼에게 사기를 당하지 않기 위해서라고 생각한다. 사기꾼에게 큰 사기를 당하면 인생이 비참해 질 수도 있다는 사실을 사람들이 잘 알고 있기 때문에 비싼 돈과 시간을 들여 열심히 지식을 습득하는 것이다. 전쟁이 나서 지면 원상회복이 매우 어려운 것처럼 사기꾼에게 큰 사기를 당하고 나면 만회하기가 하늘에 별 달기만큼이나 어렵다. 부품원가계산을 습득하는 이유 또한 궁극적으로 사기당하지 않으려는 것이다. 모르는 사람은 속을 수 있지만 아는 사람은 속지 않을 수 있다는 평범하지만 무서운 말이 있다. 알아도 대충 안다면 자신의 꾀에 자신이 속아서 낭패를 당할 수 있다. 상대방을 속이려면 상대방보다 해당 분야에 대하여 더 많이 알아야 한다. 어떤 분야의 전문가가 된다는 것은 쉬운 일이 아니다. 사기는 쳐야겠는데 전문가가 되기는 어렵고 돈은 필요하고 이럴 때 사기꾼들이 선택하는 방법이 바로 상대방이 자신을 전문가로 느끼게 만드는 방법이다. 그런데 아무나 자신을 전문가로 느끼지 않을 것을 알고 있으므로 약간은 어리석고 귀가 얇고 욕심이 많은 사람을 찾아서 사기를 친다는 것이다. 약간은 어리석고 귀가 얇은 사람은 사기꾼에게 더 없이 좋은 먹잇감일 것이다. 거기다가 허황된 욕심까지 가진 사람이라면 사기꾼에게 대단한 환영을 받을 것이다. 지식을 습득하는 목적은 사기 당하지 않기 위함이다. 그래서 사람들은 세상에 발에 차이는 아무 지식이나 무조건 습득하려고 한다. 사기 당할 확률을 최대한 줄여 보자는 것이겠다.

26. 자랑하다

　사람들은 자랑하는 것을 좋아한다. 남보다 잘한 것이 있다면 자랑하고 싶은 유혹을 뿌리치기가 매우 어려운 것이 인지상정일 것이다. 하지만 자랑을 하더라도 자신이 손해를 볼 수도 있는 자랑거리는 피해야 한다. 한 사업가가 어렵사리 대기업과 거래를 하게 되었다. 그야말로 평생의 목표를 이룬 것이다. 아주 열심히 성실하게 양질의 부품을 만들어 납품을 했다. 물론 남들처럼 가격협상을 했고 품질관리도 만족한 결과를 가지고 있었다. 그러던 어느 날 대기업 대표이사가 납품업체들의 노고를 치하하는 자리를 마련했다. 그 자리에서 납품업체 사장이 얼떨결에 자랑을 하고 말았다. '저희 회사는 귀사 덕분에 창업 첫해부터 흑자를 내고 있습니다.' 이렇게 자랑을 한 것이다. 단순한 인사말로 상대방이 받아들일 수도 있었지만 인사말 치고는 창업 첫해부터 흑자를 냈다는 것이 강조된 것이 문제였다. 아마도 모든 임직원들이 한 해 동안 불철주야로 열심히 일했다는 것을 강조하려는 말이었는데 그것을 받아들이는 입장에서는 완전히 다르게 해석을 하고 들은 것이었다. 대기업 대표이사는 다음날 감사팀에게 해당업체 부품의 납품가격 산정에 대한 종합감사를 지시하였다. 아무리 유능한 경영인이라고 해도 창업 첫해부터 흑자를 낸다는 것은 쉬운 일이 아니라는 세상의 눈이 있다는 사실을 무시한 인사말이 화근이 된 것이다. 대기업 대표이사가 부품가격을 후하게 주지 않고는 그런 일이 있을 수 없다는 결론을 내리고 감사팀에 종합감사를 지시했으니 감사결과는 보나마나였다. 불행하게도 그 납품업체가 납품하는 품목에 대한 부품원가계산 표준(cost table)이 완벽하게 설정되어 있지 않았으므로 논리적으로 감사팀에게 항변할 수도 없었다. 결국 그 회사는 문을 닫을 수밖에 없었다. 가정이지만 인사말에서 자랑하고픈 내용(사업 첫해부터 흑자를 냄)을 배제했더라면 회사가 문을 닫는 참담한 결과는 초래되지 않았을 것이다. 자랑하는 것 너무 좋아하면 망할 수도 있다.

27. 장갑

　장갑이 있다. 작업용 목장갑이다. 갑에게는 여러 소모자재 중의 하나에 불과하지만 그것을 만들어 납품하는 을에게는 회사의 운명이 걸린 품목일 것이다. 거대 조직이 움직이려면 모든 보급품이 원활하게 적기에 공급되어야 한다. 소모자재인 작업용 목장갑 같은 품목들은 굳이 대기업의 사회적 책임을 거론하지 않더라도 대부분의 대기업들은 거의 장애인단체나 국가유공자단체 등에게 직영하는 곳에서 구매를 하고 있다. 그것이 순리라고 본다. 그것도 어느 한곳에 집중해서 구매하는 것보다 가능하면 여러 곳에서 분할 구매하면 더 많은 약자들이 도움을 받게 될 것이다. IMF라는 시련은 목장갑 공급업체에게도 예외일 수 없었다. 장갑을 만드는 실을 수입하는데 환율이 2배로 폭등을 하니 영세업체들이 감당할 수가 없는 지경이 되었던 것이다. 실뿐만 아니라 펄프, 나무, 콩, 설탕 등 소모자재의 원료들이 모두 2배 이상 수입가격이 올랐던 것이다. 하루 하루가 급박한 상황의 연속이었다. 지체하다간 문을 닫는 영세업체들이 상당할 것 같았다. 영세업체들은 죽기 살기로 자신들이 납품하고 있는 품목에 대하여 납품가격 인상 요청을 하였다. 문제는 시간이었다. 대부분 구매담당자들이 그러하듯이 구매담당자 한 명이 구매하는 품목 수량이 굉장히 많았다. 납품가격 인상 요인은 세상이 다 아는 사실이지만 그것을 누가 언제 얼마만큼 인상하는 작업을 할 것인지가 문제의 본질이었던 것이다. 결국 구매담당자들이 품목마다 인상폭과 시점 등을 기안하여 업무를 처리할 수밖에 없었다. 모든 품목이 한시가 급한 상황이었으므로 어느 품목부터 기안할 것인지도 고민스러웠지만 선입선출(먼저 공문 접수된 것부터), 작업이 간단한 것부터(부품원가계산 내역이 있어 재료 소요량 파악이 용이한 품목) 납품가격 인상을 하기로 했다. 납품가격 올려 주는 것을 좋아할 갑 입장의 회사는 이 세상에 없을 것이다. 쥐들이 고양이목에 방울을 달기로 결론을 내렸지만 어느 누가 과연 그 일을 할 것인지를 결정짓지 못해 아직도 고양이 밥 처지로 살아가고 있다는 말이 있다. 새벽부터 밤중까지 납품가격 인상작업을 했었다. 수개월간 계속되었던 기억이 있다. 시간은 없고, 내역도 없고 그렇다고 마냥 업무를 늦출 수도 없었다. 다행스럽게도 부품원가계산이라는 것을 이해하고 있었으므로 목장갑 같은 것은 간단하게 부품원가계산을 나름대로 할 수 있었다. 재료소요량과 수입단가, 장비,

인원에 대한 자료를 파악하여 신속한 결론을 얻을 수 있었다. 구매
담당자들도 무조건적인 비교견적 위주의 업무보다는 부품원가계산
표준(cost table)을 활용하는 업무처리를 병행할 수 있다면 업무의
공정성과 신속성에 많은 도움이 될 것이다. 특히 구매 품목 중에서
세상에 흔하지 않은 품목은 비교견적을 받을 업체도 부족하고 받
는다고 해도 믿음이 가지 않을 것 같다면 과감하게 세부견적서를
요구하여 원가요소별로 따져보는 것도 나쁘지 않을 것이다. 구매담
당자의 업무처리가 지연되는 요인 중에서 자신감 부족과 비교견적
받을 업체 찾는 시간이 많이 소요되는 것이 큰 비중을 차지한다는
사실이다.

28. 마술

    사람들은 마술을 좋아한다. 아마도 자신이 할 수 없는 일이 순식간에 일어나는 것에 희열을 느끼기 때문일 것이다. 마술을 하는 사람을 보면 '저 사람은 세상에 무서운 것이 없겠구나!'하는 생각을 하면서 존경스러운 마음까지 생기는 경우를 누구나 경험했을 것이다. 때로는 눈에 보이는 것 모두가 마술일지 모른다는 생각을 하기도 했다. 사람들에게 신선함과 호기심을 자극해 주는 것이 마술이다. 못할 것이 없어 보이는 마술의 세계를 따져보면 결국 마술은 사람들에게 눈속임을 하는 것이다. 파리를 잡는 것은 손이지 눈이 아니라는 사실을 믿는 사람들이 눈속임을 하는 것이 마술이라는 것이다. 사람들에게 즐거움을 가져다주는 마술이라면 남녀노소가 좋아할 것이다. 하지만 어떤 마술은 눈속임을 하는 것이 아니라 마음속임을 하기도 한다. 바로 퍼센티지(percentage) 마술이 그것이다.

숫자로 마술을 부리는 것인데 사람들의 마음을 움직여 자신들이 목적한 바를 얻으려는 마술이다. 가령 하나에 10원 하는 물건이 있다고 하자. 어느 날 그 값이 10원에서 20원으로 뛰었다. 물건 값이 뛰어서 이득을 보게 된 입장에서는 '겨우 10원 오른 것을 가지고'라고 애써 의미를 축소하려고 말을 할 것이고, 물건 값이 오름으로써 부담이 가는 입장에 있는 이들은 '세상에 하루아침에 물건 값이 100%나 오르는 경우가 가능한 일인가? 전시도 아닌데.'라고 100% 인상을 강조해서 말을 하려고 할 것이다. 이와 같이 어떤 상황을 놓고 퍼센티지 마술을 부리는 세력들은 자신들의 이해관계에 따라 퍼센티지 마술을 활용한다. 가끔씩 텔레비전의 증권방송을 볼 때 퍼센티지 마술을 접하는 경우가 많다. 결산 무렵에는 화면 하단에 'xx회사 당기순이익 150% 증가, aa회사 영업이익 500% 증가'와 같은 자막의 뉴스를 보게 된다. 종전 대비 xx회사는 당기순이익이 150% 증가한 것이고 aa회사는 영업이익이 500% 증가했다는 정보이니 아주 중요한 정보임에는 틀림이 없겠다. 하지만 내용을 구체적으로 들여다보면 xx회사의 당기순이익이 종전에 1,000만원에서 2,500만원으로 겨우 1,500만원 늘어난 것에 불과한 것이고, aa회사도 종전 영업이익이 1,000만원에서 6,000만원으로 증가한 것에 지나지 않다. 전체적으로 매출액 대비 당기순이익률이 얼마이고 영업이익률이 얼마나 되는지, 종전에 적자를 겨우 면한 회사였다면 단순한 증가율로서 일반인들의 마음을 속이려는 퍼센티지 마술을 부리려는 의도가 무엇인지 한 번 더 생각해 보아야 한다. 50원인 부품가격이 70원이 된다면 40%나 인상된 것이지만, 인상액이 20원에 불과하다고 하면 사람들은 쉽게 받아들이게 된다. 하지만 50,000원인 부품가격이 53,000원으로 원재료가 되어 부품가격 인상요인이 발생했을 때라면 부품가격을 현실화 하려는 을 입장에서는 부품가격이 겨우 6% 인상 요인이라고 강조할 것이고, 부품가격을 올리고 싶지 않은 갑 입장에서는 인상액이 3,000원이나 된다고 호들갑을 떨면서 인상요인이 있음에도 불구하고 부품가격 인상을 억제하려고 할 것이다. 지역별로 아파트 시세 변동 뉴스를 볼 때도 퍼센티지 마술을 염두에 두어야 한다. 이와 같이 퍼센티지 마술은 사람들 일상에 늘 가까이 있으면서 이해관계에 따라 사람들 마음속임을 하려고 한다.

29. 판단력

　어떤 상황에 처했을 때 상황인식을 정확히 해야 좋은 판단을 할 수 있다. 상황인식을 제대로 하려면 상황에 대한 모든 요소들을 순간적으로 체크해 보아야 한다. 부품원가계산은 돈을 계산해 보는 것이다. 돈을 계산하려면 돈을 결정짓는 요소들을 전부 체크할 수밖에 없다. 재료, 인원, 장비, 납기, 품질문제, 이윤, 자금 관리자 등등 사람들이 하는 일 모두가 검토 대상이 되는 것이 부품원가계산이다. 그런 모든 원가요소들을 따져봐서 판단을 내리게 되는 업무이다 보니 상황인식을 쉽게 하지 못하는 사람들이 부품원가계산을 이해하면 신속 정확한 판단을 하는데 상당한 도움이 되는 것은 확실하다. 사업을 하면서 상황인식을 제대로 하지 못하면 큰 위험에 처할 수 있다. 돈 관련 모든 요소를 제대로 파악해야 사업을 할 수 있다. 어느 한 분야만 전문가적인 기술을 가졌다고 사업을 잘 할 수 있는 것이 아니다. 차라리 깊이는 적더라도 모든 분야에 대한 이해력이 더 필요한 것이 사업을 수 있다. 사업은 종합예술이라는 말이 있다. 아무튼 사업에 관심을 가진 이라면 부품원가계산에 대한 이해를 반드시 하라고 권하고 싶다. 그러면 상황인식을 제대로 할 수 있기 때문이다. 부품원가계산은 이해하지 않으면 안 되는, 그렇다고 관심이 없으면 쉽게 이해하기 힘든, 하지만 누구나 접근할 수 있고 이해할 수 있는, 친해야만 하는 것이다. 신속하고 냉정한 판단력을 가지기를 원한다면 부품원가계산을 완벽하게 이해하면 도움이 될 것이다.

30. 부품원가계산 표준(cost table) 대상 항목

1) 재료비 관련

　업종별 재질별 규격별 표준 재료단가표를 작성하여 데이터베이스로 관리하며 정기적으로 보완하되 일시적 가격 급등락 시에도 탄력적으로 보완해야 한다. 왜냐하면 재료단가는 관리 가능한 범위가 그렇게 넓지 않기 때문이다. 국제 원자재가 급등락, 환율 급변 등은 국가차원에서도 관리하기가 어렵기 때문이다. 수입재료인 경우에 환율 및 원유가격의 적용 기준과 인도조건 등을 표준으로 설정하여 운영한다. 수입재료인 경우 적용 환율과 수입 부대비용 계산 기준식 표준화(FOB 등 기준으로 환산 시 부대비용 산출 표준 설정)

＊철판 프레스 업종

　·고철 단가 표준

　·고철 회수율 기준

　·금형 셋팅(setting) 표준수량

　·재질별 비중 기준

　·로트(lot) 표준수량

　·블랭킹(blanking) 재료여유(블랭크 사이즈를 정할 때 재료 두께의
　　3배 정도로 블랭크 재료여유를 정하여 운영하기도 함)

　·재료 소요량에 따른 투입재료 선택 기준(일반 시장 규격과 다른
　　특수 규격을 적용하는 기준으로 월간 소요량 몇 톤 이상으로 표준
　　을 설정)

＊파이프, 튜브 업종

　·파이프, 튜브 컷팅(cutting) 여유 표준

　·파이프, 튜브 벤딩(bending) 여유 표준

＊플라스틱 업종

　·금형 셋팅(setting) 수량 표준

　·스크랩 재활용 배합비율 표준

　·재활용 불가 스크랩 처리단가 표준

　·재질별 재료단가 표준 설정 시 적용 환율과 원유가격

＊고무 업종, 소결 업종

· 재질별 배합 표준단가(영업상 비밀일 수 있으므로 상호 보안 관리
에 노력을 해야 함)

· 고무 업종, 소결 업종에 사용되는 기타 재질에 대한 표준 재료단
가표

· 고무업종 폐기물 표준단가

· 소결업종 절삭 스크랩 표준단가

· 수입재료에 대한 환율 및 수입부대비용 계산 기준

＊주물 업종

· 불량률 처리 기준

· 고철 단가의 변동 폭에 따른 탄력적인 가격조정 기준 설정 운영

＊다이캐스팅 및 절삭업종

· 비철 스크랩 표준단가

· 전용절삭공구 처리 기준

＊스프링 업종

· 스프링용 재질별 규격별 단가표

· 초기 셋팅(setting) 시 표준수량

· 셋팅 시간이 타 업종보다 많이 걸리므로 로트(lot) 당 생산 수량

별도로 표준 설정

* 표면처리 업종

· 표면처리 업종별(도장, 도금, 코팅) 단위 면적당 단가 또는 단위
rack당 단가표를 부품 특성별로 표준 설정

* 용접 업종

· 조립 부품의 경우 용접 공법이 많이 사용된다. 따라서 용접
종류별 용접용 재료비 항목에 대하여 표준 설정(spot 용접,
projection 용접, CO_2 용접, brazing 용접, soldering 용접, 마찰 용
접, 일반 아크 용접, 서브머지드 아크 용접 등등)

* 열처리 업종

· 열처리 종류별 표준단가 설정

2) 가공비 관련 항목

* 노무비계산 관련 항목

· 1교대 2교대 업종별 임률 표준(기준 시급 및 직접임률 할증률, 간
접임률 할증률)
· 공정별 작업시간 표준 설정

· 금형 셋팅 시간(금형 교환시간, 장비 셋팅 시간) 표준 설정

· 예외시간율 표준 설정

· 장비별 직접작업인원수 표준 설정

＊경비계산 관련

· 연간작업일수 표준 설정

· 1교대 2교대 적용기준 표준 설정

· 범용장비 감가상각년수 표준 설정

· 전용장비 감가상각년수 기준 설정

· 업종별 공정별 직접장비 표준 설정

· 건물 감가상각년수 표준 설정

· 건물단가 표준 설정

· 부대면적비율 표준 설정

· 직접장비별 설치면적 표준 설정

· 수선비율 표준설정

· 전력단가 표준 설정

· 전력부하율 표준 설정

· 간접경비율 표준 설정

3) 일반관리비 관련

· 일반관리비율 표준 설정

4) 이윤율

　·이윤율 표준 설정

5) 기타비율

　·재료관리비율 표준 설정

　·업종별 금형비(지그 및 체커비 포함) 계산 표준 설정

　·업종별 금형 내구수명 표준 설정

　·운반비 계산용 평균 운반비율 표준 설정

　·지역별 기준 차량 운반비 표준 설정

　·주요 부품의 연구개발비(R&D) 적용비율 표준 설정

31. 부품원가계산 전산화

부품원가계산 표준(cost table) 설정 작업이 마무리되면 전산화를 해야 한다. 컴퓨터의 도움이 없으면 하루도 살기 어려운 현실에서 컴퓨터의 도움을 받는 것은 아주 당연한 것이다. 수작업으로 부품 원가계산을 한다는 것은 시간도 많이 걸리고 정확도도 떨어질 것 이다. 늘어나는 수많은 품목들을 수작업으로 관리하는 것은 어찌 보면 불가능한 것이다. 전산화를 하려면 데이터베이스 구축이 필수 이다. 재료비 관련 항목으로는 업종별 재질별 규격별 표준단가에 대한 데이터베이스 구축이 필요하다. 물론 재료비 계산에 필요한 비중, 고철비, 적용시점 같은 기본적인 요소도 데이터베이스에 포함 시켜 전산화 프로그램을 쉽게 만들 수 있게 해야 한다. 특히 재료 단가는 늘 변할 수 있으므로 적용시점 관리를 염두에 두고 전산화 프로그램을 구상해야 한다. 노무비 관련 데이터베이스로는 업종별,

업체별 임률 표준, 로트 수량 표준, 예외시간율 표준, 금형교환시간 표준, 금형 셋팅 시 수량 표준 등을 데이터베이스화 한다. 경비 관련 데이터베이스로는 업종별 장비별 표준 장비를 설정하여 장비가격, 전력용량, 전력부하율 표준, 전력단가 표준, 설치면적, 작업인원, 업종별 장비별 공정별 순작업시간 표준, 취득년도, 메이커, 장비감가상각년수 표준, 연간작업일수 표준, 적용시점, 전용 범용 장비 표시, 연간 표준 작업일수, 수선비율 표준, 건물감가상각년수 표준, 부대면적비율 표준, 건물단가 표준, 1교대 2교대 기준 등을 포함하여 전산화용 데이터베이스를 구축한다. 그리고 업종별 업체별 간접경비율 표준, 일반관리비율 표준, 이윤율 표준. 재료관리비율 표준, 업종별 업체별 평균운반비율 표준, 지역별 표준 차량 운송비용 등을 별도로 데이터베이스화 하여 부품원가계산 전산화를 하면 편리하다. 전산화할 때 수치를 계산하는 기준을 소수점 아래 몇 자리에서 반올림 할 것인지도 미리 정해 놓아야 한다. 부품원가계산 전산화를 완료한 후에 관리 및 운영 매뉴얼을 작성하여 매뉴얼에 따라 업무를 한다면 업무효율화를 꾀할 수 있다.